Para: _____

De: _____

Dios desea que descubras la vida que ha creado para ti... ¡aquí en la tierra y por siempre en la eternidad!

RICK WARREN

© 2004 EDITORIAL VIDA
Miami, Florida

Publicado en inglés bajo el título:
Daily Inspiration for the Purpose-Driven Life
© 2003 por The Zondervan Corporation

Traducción: *Madeline Díaz*

Diseño interior: *Grupo Nivel Uno Inc.*

Diseño de cubierta: *Sherri L. Hoffman*

Adaptación de cubierta: *Grupo Nivel Uno Inc.*

Reservados todos los derechos.

ISBN: 0-8297-4305-7

Categoría: Vida cristiana / Crecimiento

Impreso en Estados Unidos de América

Printed in the United States of America

05 06 07 08 ❖ 06 05

INSPIRACIÓN DIARIA

DIARIA

PARA UNA

Vida

CON

PROPÓSITO

CONTENIDO

—— 🦋 ——

LOS CINCO PROPÓSITOS DE UNA VIDA CON PROPÓSITO

¡Fuiste hecho para vivir una vida con propósito!
Los cinco propósitos para tu vida son:

1. ADORACIÓN: ¡Fuiste planeado para agradar a Dios!

El fin de este asunto es que ya se ha escuchado
todo. Teme, pues, a Dios y cumple sus
mandamientos, porque esto es todo para
el hombre.

ECLESIASTÉS 12:13 (NVI)

2. COMUNIÓN: ¡Fuiste hecho para la familia de Dios!

Él, porque así lo quiso, nos dio vidas nuevas a
través de las verdades de su santa palabra y
nos convirtió, por así decirlo, en los primeros
hijos de su nueva familia.

SANTIAGO 1:18 (BAD)

3. DISCIPULADO: ¡Fuiste creado para ser como Cristo!

Desde el mismo principio Dios decidió que los
que se acercaran a él (y él sabía quienes se
abrían de acercar) fueran como su Hijo, para
que él fuera el mayor entre muchos hermanos.

ROMANOS 8:29 (BAD)

4. MINISTERIO: ¡Fuiste formado para servir a Dios!

Porque somos hechura de Dios, creados en Cristo Jesús para buenas obras, las cuales Dios dispuso de antemano a fin de que las pongamos en práctica.

EFESIOS 2:10 (NVI)

5. EVANGELISMO: ¡Fuiste hecho para una misión!

Por tanto, vayan y hagan discípulos de todas las naciones, bautizándolos en el nombre del Padre y del Hijo y del Espíritu Santo, enseñándoles a obedecer todo lo que les he mandado a ustedes. Y les aseguro que estaré con ustedes siempre, hasta el fin del mundo.

MATEO 28:19-20 (NVI)

¿PARA QUÉ ESTOY AQUÍ EN LA TIERRA?

El que confía en sus riquezas se marchita, pero el justo se renueva como el follaje.
Proverbios 11:28 (NVI)

Pero bienaventurado el hombre que confía en el Señor ... Es como árbol plantado a orillas de un río, cuyas raíces penetran hasta encontrar el agua, árbol al que no agobia el calor ni angustian los largos meses de sequía. Su follaje se mantiene verde y produce en todo tiempo jugoso fruto.
Jeremías 17:7-8 (BAD)

Todo comienza con Dios

Porque todo, absolutamente todo en el cielo y en la tierra, visible e invisible ... todo comenzó en él y para los propósitos de él.

Colosenses 1:16 (PAR)

En su mano está la vida de todo ser viviente.

Job 12:10 (DHH)

—◦—

Obsesión consigo mismo en estos asuntos es un callejón sin salida; la atención a Dios nos guía a una vida libre y espaciosa.

Romanos 8:6 (PAR)

—◦—

La autoayuda no es eficaz en todo. El sacrificio es el camino, el camino para encontrarte a ti mismo, a tu verdadero yo.

Mateo 16:25 (PAR)

—◦—

La sabiduría de Dios ... Proviene de lo profundo de su propósito ... No es un mensaje novedoso, es lo que Dios determinó para nuestra gloria desde la eternidad.

1 Corintios 2:7 (PAR)

—◈—

Es en Cristo que sabemos quiénes somos y para qué vivimos. Mucho antes que oyéramos de Cristo, él nos vio y nos diseñó para una vida gloriosa, parte de su propósito general en el que trabaja en todo y para todos.

Efesios 1:11 (BAD)

REFLEXIONES

_____

_____

_____

_____

_____

_____

_____

_____

_____

_____

_____

_____

_____

_____

_____

_____

_____

_____

No eres un accidente

———— ✦ ————

Yo soy tu Creador.
Te cuidé aun antes de que nacieras.

Isaías 44:2 (PAR)

———

El Señor cumplirá en mí su propósito.
Salmo 138:8 (NVI)

━━∿━━

Mis huesos no te fueron desconocidos
cuando en lo más recóndito era yo formado,
cuando en lo más profundo de la tierra
era yo entretejido.
Salmo 139:15 (NVI)

━━∿━━

Tus ojos vieron mi cuerpo en gestación:
todo estaba ya escrito en tu libro;
todos mis días se estaban diseñando,
aunque no existía uno solo de ellos.
Salmo 139:16 (NVI)

━━∿━━

De un solo hombre hizo él todas las naciones, para
que vivan en toda la tierra; y les ha señalado el
tiempo y el lugar en que deben vivir.
Hechos 17:26 (DHH)

—❧—

Dios nos escogió en Cristo desde antes de la
creación del mundo, para que fuéramos santos
y sin defecto en su presencia. Por su amor.
Efesios 1:4 (DHH)

—❧—

Por su propia voluntad nos hizo nacer mediante la
palabra de verdad, para que fuéramos como los
primeros y mejores frutos de su creación.
Santiago 1:18 (PAR)

—❧—

**Dios que formó la tierra ... que no la creó para
dejarla vacía, sino que la formó para ser habitada.**
Isaías 45:18 (PAR)

Dios es amor.
1 Juan 4:8 (NVI)

**A quienes he cargado desde el vientre, y he llevado
desde la cuna. Aun en la vejez, cuando ya peinen
canas, yo seré el mismo, yo los sostendré. Yo los
hice y los cuidaré.**
Isaías 46:3-4 (PAR)

**La única forma de entendernos a nosotros mismos
con exactitud es por lo que Dios es y hace por
nosotros.**
Romanos 12:3 (PAR)

INSPIRACIÓN DIARIA PARA UNA VIDA CON PROPÓSITO

REFLEXIONES

_____

_____

_____

_____

_____

_____

_____

_____

_____

_____

_____

_____

_____

_____

_____

_____

_____

_____

_____

_____

¿Qué guía tu vida?

INSPIRACIÓN DIARIA PARA UNA VIDA CON PROPÓSITO

Todos tenemos algo que guía nuestras vidas. A muchos los guía la culpa, el resentimiento, la ira, el temor, el materialismo y la necesidad de ser aceptados.

El resentimiento mata a los necios.
Job 5:2 (BLS)

Vi además que tanto el afán como el éxito en la vida despiertan envidia.
Eclesiastés 4:4 (NVI)

Hay quien pretende ser rico, y no tiene nada; hay quien parece ser pobre, y todo lo tiene.
Proverbios 17:7 (NVI)

Hay otras influencias que pueden guiar tu vida, pero todas terminan en un callejón sin salida. Por ejemplo: potencial sin poder usarlo, estrés innecesario y una vida frustrada.

En vano he trabajado; he gastado mis fuerzas sin provecho alguno.
Isaías 49:4 (NVI)

Mis días se acercan a su fin, sin esperanza, con la rapidez de una lanzadera de telar.

Job 7:6 (DHH)

━━◆━━

Tengo en poco mi vida; no quiero vivir para siempre. ¡Déjenme en paz, que mi vida no tiene sentido!

Job 7:16 (PAR)

━━◆━━

En el mundo serás un fugitivo errante.

Génesis 4:12 (NVI)

━━◆━━

La Biblia ofrece una solución.

No sean insensatos, sino entiendan cuál es la voluntad del Señor.

Efesios 5:17 (PAR)

━━◆━━

Reflexiona en lo que te digo, y el Señor te dará una mayor comprensión de todo esto.

2 Timoteo 2:7 (NVI)

━━◆━━

Jesús dijo: Yo soy el camino, la verdad y la vida ... Nadie llega al Padre sino por mí.

Juan 14:6 (NVI)

━━◆━━

Los beneficios de vivir una vida con propósito

Conocer tu propósito le da sentido a tu vida, la simplifica, la enfoca y la estimula. Y todo esto también te prepara para la eternidad.

Feliz el hombre a quien sus culpas y pecados le han sido perdonados por completo.
Salmo 32:1 (DHH)

La persona que ama no tiene miedo. Donde hay amor no hay temor. Al contrario, el verdadero amor quita el miedo. Si alguien tiene miedo de que Dios lo castigue, es porque no ha aprendido a amar.
1 Juan 4:18 (BLS)

Porque yo sé muy bien los planes que tengo para ustedes ... planes de bienestar y no de calamidad, a fin de darles un futuro y una esperanza.
Jeremías 29:11 (PAR)

Al que puede hacer muchísimo más que todo lo
que podamos imaginarnos o pedir, por el poder
que obra eficazmente en nosotros.

Efesios 3:20 (BAD)

Al de firme propósito guardarás en perfecta paz,
porque en ti confía.

Isaías 26:3 (LBLA)

Una cosa hago: olvidando lo que queda atrás y
esforzándome por alcanzar lo que está delante,
sigo avanzando hacia la meta para ganar el premio
que Dios ofrece mediante su llamamiento celestial
en Cristo Jesús.

Filipenses 3:13-14 (NVI)

Aquellos que queremos todo lo que Dios tiene,
mantengámonos enfocados en la meta.

Filipenses 3:15 (PAR)

REFLEXIONES

_____
_____
_____
_____
_____
_____
_____
_____
_____
_____
_____
_____
_____
_____
_____
_____
_____
_____
_____
_____

¿Para qué estoy aquí en la tierra?

Creados para vivir por siempre

———— ✍ ————

Dios ... ha plantado eternidad
en el corazón de los hombres.
Eclesistés 3:11 (BAD)

———

Dios te hizo a su imagen para vivir eternamente.

Si esta tienda de campaña en que vivimos se deshace, tenemos de Dios un edificio, una casa eterna en el cielo, no construida por manos humanas.

2 Corintios 5:1 (PAR)

Una vez que comprendes que la vida es más que vivir el presente, y que es una preparación para la eternidad, entonces comienzas a vivir de una manera diferente. Empezarás a *vivir a la luz de la eternidad.*

Me circuncidaron a los ocho días de nacer, soy de raza israelita, pertenezco a la tribu de Benjamín, soy hebreo e hijo de hebreos. En cuanto a la interpretación de la ley judía, fui del partido fariseo; era tan fanático, que perseguía a los de la iglesia; y en cuanto a la justicia que se basa en el cumplimiento de la ley, era irreprochable. Pero todo esto, que antes valía mucho para mí, ahora, a causa de Cristo, lo tengo por algo sin valor. Aún más, a nada le concedo valor si lo comparo con el bien supremo de conocer a Cristo Jesús, mi Señor. Por causa de Cristo lo he perdido todo, y todo lo considero basura a cambio de ganarlo a él.

Filipenses 3:5-8 (DHH)

Amigos, este mundo no es su hogar, así que no se acomoden a él. No complazca a su ego a expensas de su alma.

Hebreos 13:14 (PAR)

El mundo se acaba con sus malos deseos, pero el que hace la voluntad de Dios permanece para siempre.

1 Juan 2:17 (NVI)

Pero Dios cumple sus propios planes, y realiza sus propósitos.

Salmo 33:11 (BLS)

Por eso mantenemos siempre la confianza, aunque sabemos que mientras vivamos en este cuerpo estaremos alejados del Señor.

2 Corintios 5:6 (BAD)

INSPIRACIÓN DIARIA PARA UNA VIDA CON PROPÓSITO

¿Cómo será la eternidad con Dios? En realidad, nuestra capacidad mental no puede imaginar toda la maravilla y la grandeza celestial.

Ningún ojo ha visto, ningún oído ha escuchado, ninguna mente humana ha concebido lo que Dios ha preparado para quienes lo aman.

1 Corintios 2:9 (BAD)

Algún día Jesús dirá: Vengan ustedes, a quienes mi Padre ha bendecido; reciban su herencia, el reino preparado para ustedes desde la creación del mundo.

Mateo 25:35 (NVI)

REFLEXIONES

_____

_____

_____

_____

_____

_____

_____

_____

_____

_____

_____

_____

_____

_____

_____

_____

_____

_____

_____

La vida desde la perspectiva de Dios

— 🙠 —

**No se amolden al mundo actual, sino sean
transformados mediante la renovación [cambio]
de su mente. Así podrán comprobar cuál es la
voluntad de Dios.**
                                    Romanos 12:2 (PAR)

¿Qué es su vida?

Santiago 4:14 (NVI)

La Biblia nos ofrece tres enfoques o metáforas que nos enseñan qué es la vida desde la perspectiva de Dios.

1. La vida en la tierra es una prueba. Lo bueno es que Dios desea que sobrepases las pruebas de la vida.

Del Señor es la tierra y todo cuanto hay en ella, el mundo y cuantos lo habitan.

1 Corintios 10:13 (PAR)

Dichoso el que resiste la tentación porque, al salir aprobado, recibirá la corona de la vida que Dios ha prometido a quienes lo aman.

Santiago 1:12 (PAR)

Dios se retiró de Ezequías para probarlo y descubrir todo lo que había en su corazón.

2 Crónicas 32:31 (BAD)

2. La vida en la tierra es un fideicomiso.
La verdad es que no poseemos nada en nuestra breve estadía en la tierra. Dios nos presta la tierra mientras estamos aquí.

¿Qué tienes que no hayas recibido? Y si lo recibiste, ¿por qué presumes como si no te lo hubieran dado?

1 Corintios 4:7 (BAD)

—⁓—

Del Señor es la tierra y todo cuanto hay en ella, el mundo y cuantos lo habitan.

Salmo 24:1 (PAR)

—⁓—

Y les dio su bendición: «Tengan muchos, muchos hijos; llenen el mundo y gobiérnenlo; dominen a los peces y a las aves, y a todos los animales que se arrastran».

Génesis 1:28 (DHH)

—⁓—

A los que reciben un encargo se les exige que demuestren ser dignos de confianza.

1 Corintios 4:2 (PAR)

—⁓—

Si ustedes no han sido honrados en el uso de las riquezas mundanas, ¿quién les confiará las verdaderas?

Lucas 16:11 (BAD)

—∿—

A todo el que se le ha dado mucho, se le exigirá mucho; y al que se le ha confiado mucho, se le pedirá aun más.

Lucas 12:48 (NVI)

—∿—

El que es honesto en lo poco, también lo será en lo mucho.

Lucas 16:10 (NVI)

—∿—

Si todo lo tratas como un *encargo,* con responsabilidad, Dios promete tres recompensas en la eternidad: su *aprobación,* un *ascenso* y un *festejo.*

¡Hiciste bien, siervo bueno y fiel! En lo poco has sido fiel; te pondré a cargo de mucho más. ¡Ven a compartir la felicidad de tu señor!

Mateo 25:21 (NVI)

—∿—

REFLEXIONES

_____

_____

_____

_____

_____

_____

_____

_____

_____

_____

_____

_____

_____

_____

_____

_____

_____

_____

La vida es una asignación temporal

Señor, recuérdame cuán breve es mi tiempo sobre la tierra. Recuérdame que mis días están contados y que mi vida se acaba.

Salmo 39:4 (BAD)

3. La última metáfora de la vida en la tierra es que esta es una asignación temporal.

Nosotros nacimos ayer ... nuestros días en este mundo son como una sombra.
Job 8:9 (PAR)

Estoy de paso en este mundo.
Salmo 119:19 (BLS)

En esta tierra soy un extranjero.
Salmo 119:19 (NVI)

Si tu llamas Padre a Dios, vive tu tiempo en esta tierra como si estuvieras de paso.
1 Pedro 1:17 (PAR)

Hay muchos que están viviendo como enemigos de la cruz de Cristo ... Solo piensan en las cosas de este mundo. En cambio, nosotros somos ciudadanos del cielo, y estamos esperando que del cielo venga el Salvador, el Señor Jesucristo.
Filipenses 3:18-20 (DHH)

Dios mío, hazme saber cuál será mi fin, y cuánto tiempo me queda de vida; hazme saber cuán corta es mi vida.

Salmo 39:4 (BLS)

Queridos hermanos, les ruego como a extranjeros y peregrinos en este mundo, que se aparten de los deseos pecaminosos que combaten contra la vida.

1 Pedro 2:11 (NVI)

Así que no nos fijamos en lo visible sino en lo invisible, ya que lo que se ve es pasajero, mientras que lo que no se ve es eterno.

2 Corintios 4:18 (NVI)

Darte cuenta de que la vida en la tierra es tan solo una misión temporal, debiera cambiar radicalmente tus valores.

Los que disfrutan las cosas de este mundo, [vivan] como si no disfrutaran de ellas; porque este mundo, en su forma actual, está por desaparecer.

1 Corintios 7:31 (BAD)

Porque nosotros no nos preocupamos por lo que nos pasa en esta vida, que pronto acabará. Al contrario, nos preocupamos por lo que nos pasará en la vida que tendremos en el cielo. Ahora no sabemos cómo será esa vida. Lo que sí sabemos es que será eterna.

2 Corintios 4:18 (BLS)

¿No saben que la amistad con el mundo es enemistad con Dios? Si alguien quiere ser amigo del mundo se vuelve enemigo de Dios.

Santiago 4:4 (NVI)

A los ojos de Dios, los grandes héroes de la fe no son los que han logrado prosperidad, éxito y poder en esta vida, sino aquellos que la ven como una asignación temporal y sirven fielmente, esperando su recompensa en la eternidad.

Todas esas personas murieron sin haber recibido las cosas que Dios había prometido; pero como tenían fe, las vieron de lejos, y las saludaron reconociéndose a sí mismos como extranjeros de paso por este mundo ... pero ellos deseaban una patria mejor, es decir, la patria celestial. Por eso, Dios no se avergüenza de ser llamado el Dios de ellos, pues les tiene preparada una ciudad.

Hebreos 11:13,16 (DHH)

Somos embajadores de Cristo.

2 Corintios 5:20 (BAD)

¿Para qué estoy aquí en la tierra?

REFLEXIONES

_____

_____

_____

_____

_____

_____

_____

_____

_____

_____

_____

_____

_____

_____

_____

_____

_____

_____

_____

_____

El porqué de todo

— ❧ —

**Porque de Él, por Él y para Él son todas las cosas.
A Él sea la gloria para siempre.
Romanos 11:36 (LBLA)**

—

Toda obra del Señor tiene un propósito.
Proverbios 16:4 (NVI)

Todo lo que Dios creó refleja, de una u otra manera, su gloria.

Los cielos cuentan la gloria de Dios.
Salmo 19:1 (NVI)

La ciudad no necesita ni sol ni luna que la alumbren, porquela alumbra el resplandor de Dios, y su lámpara es el Cordero.
Apocalipsis 21:23 (NVI)

Digno eres, Señor y Dios nuestro, de recibir la gloria, la honra y el poder, porque tú creaste todas las cosas.
Apocalipsis 4:11 (PAR)

Dios dice que somos su pueblo, el que ha creado para su gloria.
Isaías 43:7 (PAR)

¡Levántate y resplandece, que tu luz ha llegado!
¡La gloria del Señor brilla sobre ti!
Isaías 60:1 (NVI)

La gloria de Dios se ve mejor en Jesucristo.

El Hijo es el resplandor de la gloria de Dios.
Hebreos 1:3 (NVI)

———

Aquel que es la Palabra se hizo hombre y vivió
entre nosotros. Y hemos visto su gloria, la gloria
que recibió del Padre, por ser su Hijo único,
abundante en amor y verdad.
Juan 1:14 (DHH)

———

Yo te glorifiqué en la tierra, habiendo terminado
la obra que me diste que hiciera.
Juan 17:4 (LBLA)

———

Ahora todo mi ser está angustiado, ¿y acaso voy a
decir: «Padre, sálvame de esta hora difícil»? ¡Si
precisamente para este propósito he venido!
¡Padre, glorifica tu nombre!
Juan 12:27-28 (PAR)

———

Glorificamos a Dios cuando lo adoramos, amamos a los demás creyentes, nos asemejamos más a Cristo, servimos a los demás con nuestros dones y testificamos a otros.

Entréguense a Dios, como personas que han muerto y han vuelto a vivir, y entréguenle su cuerpo como instrumento para hacer lo que es justo ante él.
Romanos 6:13 (DHH)

El amor que nos tenemos demuestra que ya no estamos muertos, sino que ahora vivimos.
1 Juan 3:14 (BLS)

Acéptense mutuamente, así como Cristo los aceptó a ustedes para gloria de Dios.
Romanos 15:7 (BAD)

Así como yo los he amado, también ustedes deben amarse los unos a los otros. De este modo todos sabrán que son mis discípulos, si se aman los unos a los otros.
Juan 13:34-35 (BAD)

Somos como un espejo que refleja la grandeza del Señor, quien cambia nuestra vida. Gracias a la acción de su Espíritu en nosotros, cada vez nos parecemos más a él.

2 Corintios 3:18 (BLS)

Llenos del fruto de justicia que se produce por medio de Jesucristo, para gloria y alabanza de Dios.

Filipenses 1:11 (BAD)

Cada uno ponga al servicio de los demás el don que haya recibido, administrando fielmente la gracia de Dios en sus diversas formas ... el que presta algún servicio, hágalo como quien tiene el poder de Dios. Así Dios será en todo alabado por medio de Jesucristo.

1 Pedro 4:10-11 (PAR)

Mientras más sean los que reciban el amor y la bondad de Dios, muchos más serán los que le den las gracias y reconozcan su grandeza.

2 Corintios 4:15 (BLS)

¿Vivirás para alcanzar tus propias metas, la comodidad y el placer o para la gloria de Dios, sabiendo que él te prometió recompensas eternas?

Todos han pecado y están privados de la gloria de Dios.

Romanos 3:23 (NVI)

El que se aferra a su vida tal como está, la destruye; en cambio, si la deja ir ... la conservará para siempre, real y eterna.

Juan 12:25 (PAR)

Todo lo que implica una vida que agrada a Dios nos ha sido dado por milagro, al permitirnos conocer, personal e íntimamente, a Aquel que nos invitó a Dios.

2 Pedro 1:3 (PAR)

Mas a cuantos lo recibieron, a los que creen en su nombre, les dio el derecho de ser hijos de Dios.

Juan 1:12 (NVI)

El que acepta y confía en el Hijo, participará de todo, tendrá una vida plena y para siempre.

Juan 3:36 (PAR)

REFLEXIONES

_____

_____

_____

_____

_____

_____

_____

_____

_____

_____

_____

_____

_____

_____

_____

_____

_____

_____

_____

Propósito 1:

FUISTE PLANEADO PARA AGRADAR A DIOS

Para que sean llamados robles de justicia, plantío del Señor, para que Él sea glorificado.
Isaías 61:3 (LBLA)

Planeado para agradar a Dios

—— 🪶 ——

**Porque tú creaste todas las cosas; existen y fueron
creadas para ser de tu agrado.**
Apocalipsis 4:11 (PAR)

Porque el Señor se complace en su pueblo.
Salmo149:4 (NVI)

En el momento en que llegaste al mundo, Dios estaba allí como un testigo oculto, *sonriendo* porque naciste.

Por su amor Dios ha dispuesto que mediante Jesucristo seamos sus hijos, ese fue su propósito y voluntad.

Efesios 1:5 (PAR)

Dios se complace en los que le adoran, en los que confían en su gran amor.

Salmo 147:11 (PAR)

¡Y alabado sea el Señor tu Dios, que se ha deleitado en ti ...!

1 Reyes 10:9 (NVI)

Agradar a Dios se conoce como «adoración».

Bendeciré al Señor en todo tiempo; mis labios siempre lo alabarán.
>   Salmo 34:1 (PAR)

El Padre busca que le adoren.
>   Juan 4:23 (LBLA)

Debemos buscar al Señor y su fortaleza, debemos adorarlo continuamente.
>   Salmo 105:4 (PAR)

Desde el nacimiento del sol hasta su ocaso, alabado sea el nombre del SEÑOR.
>   Salmo 113:3 (LBLA)

Dios desea pasión y compromiso en nuestra adoración.

El Señor dice: «Este pueblo me alaba con la boca y me honra con los labios, pero su corazón está lejos de mí».
>   Isaías 29:13 (NVI)

Cualquier actividad puede transformarse en un acto de adoración cuando la hacemos para alabar, glorificar y complacer a Dios.

Ya sea que coman o beban o hagan cualquier otra cosa, háganlo todo para la gloria de Dios.
1 Corintios 10:31 (NVI)

Hagan lo que hagan, trabajen de buena gana, como para el Señor y no como para nadie en este mundo.
Colosenses 3:23 (NVI)

Toma tu vida cotidiana, la vida de todos los días —tu descanso, tus comidas, tu trabajo, y tus idas y venidas— y ponlas como una ofrenda ante Dios.
Romanos 12:1 (PAR)

REFLEXIONES

_____

_____

_____

_____

_____

_____

_____

_____

_____

_____

_____

_____

_____

_____

_____

_____

_____

_____

_____

_____

¿Qué hace sonreír a Dios?

— ❧ —

Que el Señor te sonría...
                    Números 6:25 (BAD)

—⚭—

Sonríe sobre mí como tu siervo; enséñame tu camino para vivir.
                    Salmo 119:135 (PAR)

—⚭—

Ya que agradar a Dios es el principal propósito de nuestra vida, la tarea más importante que tenemos es descubrir cómo hacerlo con exactitud.

Descubran qué es lo que agrada al Señor [y háganlo].
Efesios 5:10 (PAR)

—

Porque más me deleito en la lealtad que en el sacrificio, y más en el conocimiento de Dios que en los holocaustos.
Oseas 6:6 (BAD)

—

Ama al Señor tu Dios con todo tu corazón, con todo tu ser y con toda tu mente ... Éste es el primero y el más importante de los mandamientos.
Mateo 22:37-38 (NVI)

—

Es una dicha que la Biblia nos presente un ejemplo claro de una vida que agradó a Dios. El hombre se llamaba Noé.

Durante toda su vida Noé cumplió fielmente la voluntad de Dios y disfrutó una estrecha relación con Dios.

Génesis 6:9 (BAD)

Noé hizo exactamente como Dios le mandó.
Génesis 6:22 (BAD)

Luego Noé construyó un altar al Señor, y sobre ese altar ofreció como holocausto animales puros y aves puras.
Génesis 8:20 (NVI)

Por la fe Noé construyó un barco en plena tierra. Fue advertido sobre cosas que aún no se veían, y actuó basado en ello ... Como resultado Noé llegó a tener una amistad íntima con Dios.
Hebreos 11:7 (PAR)

Noé era del agrado del Señor.
Génesis 6:8 (BAD)

Después del diluvio, Dios le dio a Noé las siguientes instrucciones:

Tengan muchos hijos y llenen la tierra ... Pueden comer todos los animales y verduras que quieran. Yo se los doy.

Génesis 9:1,3 (DHH)

Dios sonríe cuando lo amamos por encima de todo, confiamos en él completamente, lo obedecemos de todo corazón y lo alabamos y le manifestamos una gratitud continua.

Dios se complace en los que le honran y en los que confían en su constante amor.

Salmo 147:11 (PAR)

Sin fe es imposible agradar a Dios, ya que cualquiera que se acerca a Dios tiene que creer que él existe y que recompensa a quienes lo buscan.

Hebreos 11:6 (NVI)

Obedécelo alegremente.

Salmo 100:2 (BAD)

Dime solamente qué debo hacer, y lo haré, Señor. Mientras viva, obedeceré de todo corazón.

Salmo 119:33 (BAD)

Agradamos a Dios por lo que hacemos y no solo por lo que creemos.
Santiago 2:24 (PAR)

Si ustedes me aman, obedecerán mis mandamientos.
Juan 14:15 (PAR)

Ofrezcamos continuamente a Dios, por medio de Jesucristo, un sacrificio de alabanza, es decir, el fruto de los labios que confiesan su nombre.
Hebreos 13:15 (NVI)

Te ofreceré un sacrificio de gratitud e invocaré, Señor, tu nombre.
Salmo 116:17 (NVI)

Con cánticos alabaré el nombre de Dios; con acción de gracias lo exaltaré. Esa ofrenda agradará más al Señor.
Salmo 69:30-31 (NVI)

Los justos se alegran y se regocijan ante su presencia; están felices y gritan de júbilo.
Salmo 68:3 (PAR)

Dios sonríe cuando usamos nuestras habilidades. Cualquier actividad humana, con excepción del pecado, puede realizarse para agradar a Dios si la hacemos con una actitud de alabanza.

El Señor dirige los pasos del hombre devoto, se complace con todos los detalles de su vida.
Salmo 37:23 (PAR)

Él ha formado a cada persona y ahora observa lo que hacemos.
Salmo 35:15 (PAR)

A Dios también le complace verte disfrutar su creación.

Dios nos provee de todo en abundancia para que lo disfrutemos.
1 Timoteo 6:17 (PAR)

Dios sabe que eres incapaz de ser perfecto y sin pecado.

Bien sabe nuestro Dios cómo somos; ¡bien sabe que somos polvo!

Salmo 103:14 (BLS)

Dios se fija en la actitud de tu corazón: ¿Cuál es tu deseo más íntimo? ¿Agradar a Dios?

¿Discute la vasija con su hacedor? ¿Disputa la arcilla con quien le da forma?

Isaías 45:9 (BAD)

Tratamos de obedecerlo [a Dios], ya sea en esta vida o en la otra.

2 Corintios 5:9 (BLS)

Dios, desde el cielo, mira a hombres y mujeres; busca a alguien inteligente que lo reconozca como Dios.

Salmo 14:2 (BLS)

REFLEXIONES

_____

_____

_____

_____

_____

_____

_____

_____

_____

_____

_____

_____

_____

_____

_____

_____

_____

_____

_____

El corazón de la adoración

Entréguense a Dios ... preséntenle todo su ser para propósitos justos.
Romanos 6:13 (PAR)

La esencia de la adoración es rendirse, entregarse. Es la respuesta natural al asombroso amor y misericordia de Dios.

Así manifestó Dios su amor entre nosotros: en que envió a su Hijo unigénito al mundo para que vivamos por medio de él. En esto consiste el amor: no en que nosotros hayamos amado a Dios, sino en que él nos amó y envió a su Hijo para que fuera ofrecido como sacrificio por el perdón de nuestros pecados.

1 Juan 4:9-10 (NVI)

Nosotros amamos a Dios porque él nos amó primero.

1 Juan 4:19 (NVI)

Mas Dios muestra su amor para con nosotros, en que siendo aún pecadores, Cristo murió por nosotros.

Romanos 5:8 (PAR)

Por lo tanto, mis amigos, mediante la inmensa misericordia de Dios hacia nosotros ... ofrézcanse a Dios como sacrificio vivo, dedicados a su servicio y agradables a él. Esta es la verdadera adoración que deben ofrecer.

Romanos 12:1 (PAR)

Rendirse significa reconocer nuestras limitaciones. El deseo de controlarlo todo es la tentación más antigua.

[La serpiente le dijo a Eva:] Llegarán a ser como Dios.

Génesis 3:5 (NVI)

—❧—

María dijo: soy la sierva del Señor y estoy dispuesta a aceptar lo que él quiera.

Lucas 1:38 (PAR)

—❧—

La entrega se demuestra mejor con la obediencia y la confianza.

—❧—

Después de pasar la noche pescando infructuosamente, Pedro fue un modelo de entrega cuando Jesús le dijo que intentara de nuevo:

Maestro, hemos estado trabajando duro toda la noche y no hemos pescado nada ... Pero como tú me lo mandas, echaré las redes.

Lucas 5:5 (NVI)

—❧—

Entrégate al Señor y espera en él con paciencia.

Salmo 37:7 (PAR)

—❧—

La noche antes de su crucifixión, Jesús se entregó al plan de Dios. Él oró:

Padre, para ti todo es posible: líbrame de este trago amargo; pero que no se haga lo que yo quiero, sino lo que quieres tú.
Marcos 14:36 (DHH)

La noche antes de su crucifixión, Jesús se

Las bendiciones de rendirnos son paz, libertad y el poder de Dios en nuestra vida.

¡Deja de discutir con Dios! Ponte de acuerdo con él, y por fin tendrás paz y las cosas te irán bien.
Job 22:21 (BAD)

Sométanse a los caminos de Dios y serán libres para siempre ... sus mandatos los liberan para vivir abiertamente su libertad.
Romanos 6:17 (PAR)

Estoy listo para cualquier cosa y para enfrentarme a cualquier circunstancia, gracias a aquel que me infunde la fuerza interior; o sea, soy autosuficiente en la suficiencia de Cristo.
Filipenses 4:13 (PAR)

Por eso nos empeñamos en agradarle.
2 Corintios 5:9 (NVI)

Debemos someternos completamente a Dios.
Santiago 4:7 (PAR)

~∞~

La consagración nunca es un acontecimiento
transitorio. Debes hacer de la consagración un
hábito diario.

Cada día muero.
1 Corintios 15:31 (NVI)

~∞~

**Si alguno quiere seguirme, debe renunciar a
las cosas que quiere. Debe estar dispuesto a
renunciar a su vida cada día y seguirme.**
Lucas 9:23 (PAR)

~∞~

**Nadie puede servir a dos señores, pues
menospreciará a uno y amará al otro, o querrá
mucho a uno y despreciará al otro. No se puede
servir a la vez a Dios y a las riquezas.**
Mateo 6:24 (NVI)

~∞~

**No acumulen para sí tesoros en la tierra, donde la
polilla y el óxido destruyen, y donde los ladrones
se meten a robar. Más bien, acumulen para sí
tesoros en el cielo, donde ni la polilla ni el óxido
carcomen, ni los ladrones se meten a robar.
Porque donde esté tu tesoro, allí estará también tu
corazón.**
Mateo 6:19-21 (NVI)

REFLEXIONES

_____

_____

_____

_____

_____

_____

_____

_____

_____

_____

_____

_____

_____

_____

_____

_____

_____

_____

_____

_____

Hagámonos los mejores amigos de Dios

Porque si, cuando éramos enemigos de Dios, fuimos reconciliados con él mediante la muerte de su Hijo, ¡con cuánta más razón, habiendo sido reconciliados, seremos salvados por su vida!
Romanos 5:10 (NVI)

La amistad con Dios solo es posible por su gracia y el sacrificio de Jesús.

Ahora tenemos la maravillosa alegría del Señor en nuestras vidas, gracias a que Cristo murió por nuestros pecados y nos hizo sus amigos.
Romanos 5:11 (BAD)

Dios nos reconcilió, por medio de Cristo nos transformó de enemigos en amigos.
2 Corintios 5:17-18 (PAR)

Ya no los llamo siervos, porque el siervo no está al tanto de lo que hace su amo; los he llamado amigos, porque todo lo que a mi Padre le oí decir se lo he dado a conocer a ustedes.
Juan 15:15 (NVI)

Dios tiene el anhelo intenso de que lo conozcamos íntimamente. En efecto, planificó el universo y estructuró la historia, incluyendo los detalles de nuestra vida, para que pudiésemos ser sus amigos.

Dios es apasionado con respecto a su relación con nosotros.

Éxodo 34:14 (PAR)

—◆—

Está sobre todos y por medio de todos y en todos.

Efesios 4:6 (PAR)

—◆—

De un solo hombre hizo todas las naciones para que habitaran toda la tierra; y determinó los períodos de su historia y las fronteras de sus territorios. Esto lo hizo Dios para que todos lo busquen y, aunque sea a tientas, lo encuentren.

Hechos 17:26-27 (PAR)

—◆—

[Dios dice que] si alguien ha de gloriarse, que se gloríe de conocerme y de comprender que yo soy el Señor ... pues es lo que a mí me agrada.

Jeremías 9:24 (NVI)

—◆—

El Señor ... se revelaba a Samuel y le comunicaba su palabra.

1 Samuel 3:21 (NVI)

Podemos llegar a ser el mejor amigo de Dios mediante la conversación constante con él y la meditación continua en su Palabra.

Debemos orar todo el tiempo.

1 Tesalonicenses 5:17 (PAR)

He atesorado las palabras de su boca.

Job 23:12 (NVI)

¡Cuánto amo yo tu ley! Todo el día medito en ella.

Salmo 119:97 (NVI)

Ser amigos de Dios es privilegio de quienes lo reverencian; solo con ellos comparte él los secretos de sus promesas.

Salmo 25:14 (BAD)

REFLEXIONES

_____

_____

_____

_____

_____

_____

_____

_____

_____

_____

_____

_____

_____

_____

_____

_____

_____

_____

Desarrolla tu amistad con Dios

——— ✥ ———

El Señor ... al íntegro le brinda su amistad.
Proverbios 3:32 (NVI)

———

Jesús ... amigo de pecadores.
Mateo 11:19 (NVI)

———

Si deseas un vínculo más estrecho e íntimo con Dios deberás aprender a comunicarle tus sentimientos con sinceridad.

Acérquense a Dios, y él se acercará a ustedes.
Santiago 4:8 (NVI)

[Dios les dijo a los amigos de Job] a diferencia de mi amigo Job, lo dicho por ustedes y lo que han dicho sobre mí no es verdad ... Mi amigo Job ahora orará por ustedes y yo aceptaré su oración.
Job 42:7 (PAR)

Moisés fue sincero con Dios acerca de su frustración ante la tarea de conducir a los israelitas por el desierto:

Tú insistes en que yo debo guiar a este pueblo, pero no me has dicho a quién enviarás conmigo. También me has dicho que soy tu amigo y que soy muy especial para ti ... entonces, dime cuáles son tus planes ... Ten presente que los israelitas son tu pueblo, tu responsabilidad ... Si tu presencia no nos guía, ¡mejor que no emprendamos este viaje! Si no vienes con nosotros, ¿cómo sabré que estamos juntos en esto, yo y tu pueblo? ¿Vienes con nosotros o no? —Está bien, haré lo que me pides —le dijo el Señor a Moisés—, y también haré esto porque te conozco bien y te considero mi amigo.
Éxodo 33:12-17 (PAR)

En su presencia expongo mi queja, en su presencia doy a conocer mi angustia cuando me encuentro totalmente deprimido.
Salmo 142:2-3 (DHH)

Debes confiar en Dios cuando te pide que hagas algo.

Ustedes son mis amigos si hacen lo que yo les mando.
Juan 15:14 (NVI)

Así como el Padre me ha amado a mí, también yo los he amado a ustedes. Permanezcan en mi amor. Si obedecen mis mandamientos, permanecerán en mi amor, así como yo he obedecido los mandamientos de mi Padre y permanezco en su amor. Les he dicho esto para que tengan mi alegría y así su alegría sea completa.
Juan 15:9-11 (NVI)

¿Qué le agrada más al Señor: que se le ofrezcan holocaustos y sacrificios, o que se obedezca lo que él dice? El obedecer vale más que el sacrificio.
1 Samuel 15:22 (NVI)

Jesús es el mejor ejemplo de una persona obediente y que agradó a Dios.

Regresó a Nazaret con ellos, y vivió obedientemente con ellos.
Lucas 2:51 (PAR)

Este es mi Hijo amado; estoy muy complacido con él.
Mateo 3:17 (PAR)

Para ser amigo de Dios necesitas aprender a valorar lo que él valora.

Pablo es el mejor ejemplo de esto. Los planes de Dios eran los suyos, y se apasionaba por las mismas cosas que apasionaban a Dios:

La pasión de Dios me quema por dentro.
2 Corintios 11:2 (PAR)

David sentía lo mismo:

La pasión por la casa de Dios lo consumía, y sentía que los que insultaban a Dios también lo insultaban a él.
Salmo 69:9 (BAD)

Tu amistad con Dios se desarrollará también cuando desees dicha amistad por encima de todo.

Solo una cosa he pedido al Señor, solo una cosa deseo: estar en el templo del Señor todos los días de mi vida, para adorarlo en su templo y contemplar su hermosura.

Salmo 27:4 (DHH)

Tú amor es mejor que la vida.

Salmo 63:3 (NVI)

¡No te soltaré hasta que me bendigas!

Génesis 32:26 (NVI)

Mi firme propósito es conocerlo mejor —para poder progresivamente conocerlo más a fondo y más íntimamente, sintiendo, percibiendo y entendiendo las maravillas de su Persona con mayor intensidad y más claridad.

Filipenses 3:10 (PAR)

―⌇―

Cuando me busquen en serio y de todo corazón, me aseguraré de no defraudarlos.

Jeremías 29:13 (PAR)

―⌇―

No hay nada, absolutamente nada, más importante que cultivar la amistad con Dios.

Algunos de estos individuos se han apartado de lo que es más importante en la vida: conocer a Dios.

1 Timoteo 6:21 (BAD)

―⌇―

REFLEXIONES

_____

_____

_____

_____

_____

_____

_____

_____

_____

_____

_____

_____

_____

_____

_____

_____

_____

La adoración que agrada a Dios

——— ✒ ———

Ama al Señor tu Dios con todo tu corazón, con toda tu alma, con toda tu mente y con todas tus fuerzas.

Marcos 12:30 (NVI)

——

Así que nosotros, que estamos recibiendo un reino inconmovible, seamos agradecidos. Inspirados por esta gratitud, adoremos a Dios como a él le agrada, con temor reverente.

Hebreos 12:28 (NVI)

——

La adoración que agrada a Dios tiene cuatro
características.

1. Es verdadera.

**Los verdaderos adoradores rendirán culto al Padre
en espíritu y en verdad, porque así quiere el Padre
que sean los que le adoren.**
Juan 4:23 (NVI)

—◆—

2. Es auténtica.

**La gente se fija en las apariencias, pero yo
[el Señor] me fijo en el corazón.**
1 Samuel 16:7 (NVI)

—◆—

**El Padre está buscando personas que, cuando lo
adoren, sean sencilla y sinceramente ellas mismas
cuando se presenten ante él.**
Juan 4:23 (PAR)

—◆—

3. Es reflexiva.

Pero todo debe hacerse de una manera apropiada y con orden.
1 Corintios 14:40 (NVI)

Porque si tú das gracias a Dios con tu espíritu, y te escucha algún extraño, no podrá unirse a tu oración porque no entenderá lo que dices. No podrá hacerlo, porque no habrá comprendido nada. Tu oración podrá ser muy buena, pero no estarás ayudando a nadie.
1 Corintios 14:16-17 (BLS)

---

4. Es práctica.

Les ruego que cada uno de ustedes, en adoración espiritual, ofrezca su cuerpo como sacrificio vivo, santo y agradable a Dios.
Romanos 12:1 (NVI)

No voy a ofrecer al Señor mi Dios holocaustos que nada me cuesten.
2 Samuel 24:24 (PAR)

REFLEXIONES

_____

_____

_____

_____

_____

_____

_____

_____

_____

_____

_____

_____

_____

_____

_____

_____

_____

_____

_____

_____

Cuando Dios parece distante

—— ❧ ——

El Señor ha escondido su rostro del pueblo ...
pero yo esperaré en él, pues en él tengo
puesta mi esperanza.
Isaías 8:17 (NVI)

Dios es real, sin importar cómo te sientas. Para madurar nuestra amistad, Dios la pondrá a prueba con períodos de *aparente* separación: momentos en que sentiremos que nos abandonó o nos olvidó.

Dios mío, ¿por qué te quedas tan lejos? ¿por qué te escondes de mí cuando más te necesito?
Salmo 10:1 (BLS)

—~—

Dios mío, Dios mío, ¿por qué me has abandonado? Lejos estás para salvarme, lejos de mis palabras de lamento.
Salmo 22:1 (BAD)

—~—

¿Por qué me has rechazado?
Salmo 43:2 (PAR)

—~—

Por supuesto, Dios en realidad nunca te dejará. Él ha prometido varias veces:

Nunca te dejaré ni te abandonaré.
Josué 1:5 (NVI)

—~—

En efecto, Dios reconoce que a veces oculta su rostro de nosotros. Esto es una parte normal de la prueba y la maduración de nuestra amistad con Dios.

Si me dirijo hacia el este, no está allí;
si me encamino al oeste, no lo encuentro.
Si está ocupado en el norte, no lo veo;
si se vuelve al sur, no alcanzo a percibirlo.
Él, en cambio, conoce mis caminos;
si me pusiera a prueba,
saldría yo puro como el oro.

Job 23:8-10 (BAD)

¿Cómo podemos alabar a Dios cuando no entendemos lo que pasa en nuestra vida y él calla? Hagamos lo que hizo Job:

Se dejó caer al suelo en actitud de adoración.
Entonces dijo: «Desnudo salí del vientre de mi madre, y desnudo he de partir.
El Señor ha dado; el Señor ha quitado.
¡Bendito sea el nombre del Señor!»

Job 1:20-21 (NVI)

Cuéntale a Dios exactamente cómo te sientes.

¡No guardaré silencio!
Estoy enojado y amargado.
¡Tengo que hablar!
                              Job 7:11 (PAR)

~

¡Que días aquellos, cuando yo estaba en mi
apogeo y Dios bendecía mi casa con su
íntima amistad!
                              Job 29:4 (NVI)

~

Aunque digo: «Me encuentro muy afligido»,
sigo creyendo en Dios.
                              Salmo 116:10 (PAR)

~

Puede parecer una contradicción: confío en
Dios, ¡pero estoy destrozado! La franqueza de
David [en el Salmo 116:10] en realidad revela
una profunda fe. En primer lugar, creía en Dios.
Segundo, creía que Dios escuchaba su oración.
Tercero, creía que Dios le permitiría decir lo
que sentía y lo seguiría amando.

A pesar de las circunstancias y de los sentimientos, depende del carácter inmutable de Dios.

Él es bueno y amoroso

Me diste vida, me favoreciste con tu amor, y tus cuidados me han infundido aliento.
Job 10:12 (NVI)

Él es todopoderoso

Yo sé bien que tú lo puedes todo, que no es posible frustrar ninguno de tus planes.
Job 42:2 (NVI)

Él conoce todos los detalles de mi vida

¿Acaso no se fija Dios en mis caminos y toma en cuenta todos mis pasos?
Job 31:4 (NVI)

Él tiene el control

¿Quién le dio poder sobre la tierra? ¿Quién lo puso a cargo de todo el mundo? Si pensara en retirarnos su espíritu, en quitarnos su hálito de vida, todo el género humano perecería, ¡la humanidad entera volvería a ser polvo!
Job 34:13-15 (NVI)

Él me salvará

Yo sé que mi redentor vive, y que al final triunfará
sobre la muerte.

Job 19:25 (NVI)

El carácter de Dios no cambia con las
circunstancias. Confía en que Dios cumplirá
sus promesas y recuerda lo que él hizo por ti.

Dios podrá matarme, pero todavía confiaré en él.

Job 13:15 (PAR)

No me he apartado de los mandamientos de sus
labios; en lo más profundo de mi ser he atesorado
las palabras de su boca.

Job 23:12 (NVI)

Al que no cometió pecado alguno, por nosotros
Dios lo trató como pecador, para que en él
recibiéramos la justicia de Dios.

2 Corintios 5:21 (NVI)

Dios ha dicho: «Nunca te dejaré; jamás te
abandonaré».

Hebreos 13:5 (NVI)

REFLEXIONES

_____

_____

_____

_____

_____

_____

_____

_____

_____

_____

_____

_____

_____

_____

_____

_____

Propósito 2:

FUISTE HECHO PARA LA FAMILIA DE DIOS

[Jesús dijo:] Yo soy la vid y ustedes son las ramas.
Juan 15:5 (NVI)

Formamos un solo cuerpo en Cristo, y cada miembro está unido a todos los demás.
Romanos 12:5 (NVI)

Dios es quien hizo todas las cosas, y todas las cosas son para su gloria. Quería tener muchos hijos para compartir su gloria.
Hebreos 2:10 (PAR)

Miren cuánto nos ama el Padre celestial que permite que seamos llamados hijos de Dios. ¡Y... lo somos!
1 Juan 3:1 (BAD)

Hecho para la familia de Dios

Su plan inmutable siempre ha sido adoptarnos en su propia familia, trayéndonos a él mediante Cristo Jesús. Esto ha sido muy de su agrado.
Efesios 1:5 (BAD)

Él, porque así lo quiso, nos dio vidas nuevas a través de las verdades de su Santa Palabra y nos convirtió, por así decirlo, en los primeros hijos de su nueva familia.
Santiago 1:18 (BAD)

Dios nos ha dado el privilegio de nacer de nuevo, para poder pertenecer a la propia familia de Dios.
1 Pedro 1:3 (BAD)

Cuando pienso en lo sabio y amplio de su plan, me arrodillo y oro al Padre de la gran familia, algunos miembros de esta gran familia ya están en el cielo y otros están todavía aquí en la tierra.
Efesios 3:14-15 (BAD)

Todos ustedes son hijos de Dios mediante la fe en Cristo Jesús.
Gálatas 3:26 (NVI)

Cuando nacimos espiritualmente en la familia de Dios, recibimos algunos regalos asombrosos: ¡el nombre de la familia, la semejanza a la familia, los privilegios familiares, el acceso a la intimidad de la familia y la herencia familiar!

Como somos hijos de Dios, todo lo que él tiene nos pertenece.

Gálatas 4:7 (BAD)

━━

Así que mi Dios les proveerá de todo lo que necesiten, conforme a las gloriosas riquezas que tiene en Cristo Jesús.

Filipenses 4:19 (NVI)

━━

Para que sepan cuál es la riqueza de su gloriosa herencia entre los santos.

Efesios 1:18 (BAD)

━━

En él tenemos la redención mediante su sangre, el perdón de nuestros pecados, conforme a las riquezas de la gracia.

Efesios 1:7 (NVI)

━━

¿No ves que desprecias las riquezas de la bondad de Dios, de su tolerancia y de su paciencia, al no reconocer que su bondad quiere llevarte al arrepentimiento?

Romanos 2:4 (NVI)

━━

¡Qué profundas son las riquezas de la sabiduría y del conocimiento de Dios! ¡Qué indescifrables sus juicios e impenetrables sus caminos!
Romanos 11:33 (NVI)

Le pido que, por medio del Espíritu y con el poder que procede de sus gloriosas riquezas, los fortalezca a ustedes en lo íntimo de su ser.
Efesios 3:16 (NVI)

Pero Dios, que es rico en misericordia, por su gran amor por nosotros, nos dio vida con Cristo, aun cuando estábamos muertos en pecados. ¡Por gracia ustedes han sido salvados!
Efesios 2:4-5 (NVI)

Dios tiene reservada una herencia incalculable para sus hijos. Está conservada para ti, pura e indestructible, incontaminada e inmarchitable.
1 Pedro 1:4 (BAD)

Las familias saludables tienen orgullo familiar: sus miembros no se avergüenzan de ser reconocidos como parte de ella. El bautismo identifica públicamente a los creyentes con su familia espiritual, y a través de él anunciamos al mundo: «No me avergüenzo de ser parte de la familia de Dios».

Vayan y hagan discípulos de todas las naciones, bautizándolos en el nombre del Padre, del Hijo y del Espíritu Santo.

Mateo 28:19 (NVI)

Todos fuimos bautizados por un solo Espíritu para constituir un solo cuerpo —ya seamos judíos o gentiles, esclavos o libres.

1 Corintios 12:13 (BAD)

Cuando te sientas inseguro, o que no eres importante, o que nadie te quiere, recuerda a quién perteneces.

Jesús y el pueblo que santificó pertenecemos a la misma familia; por lo tanto, Jesús no se avergüenza de llamarnos hermanos y hermanas.

Hebreos 2:11 (PAR)

Señalando a sus discípulos [Jesús] añadió: «Aquí tienen a mi madre y a mis hermanos. Pues mi hermano, mi hermana y mi madre son los que hacen la voluntad de mi Padre que está en el cielo».

Mateo 12:49-50 (BAD)

PROPÓSITO 2: Fuiste hecho para la familia de Dios

Lo que más importa

No importa lo que diga, lo que crea o lo que haga, sin amor estoy en quiebra.

1 Corintios 13:3 (PAR)

En esto consiste el amor: en que pongamos en práctica sus mandamientos. Y éste es el mandamiento: que vivan en este amor, tal como ustedes lo han escuchado desde el principio.

2 Juan 1:6 (NVI)

La vida consiste en amar. Como Dios es amor, la lección más importante que quiere que aprendamos en esta tierra es cómo amar.

Porque la ley se resume en este mandamiento: «Amarás a tu prójimo como a ti mismo».

Gálatas 5:14 (NVI)

―――

Debemos mostrar un amor especial por el pueblo de Dios.

1 Pedro 2:17 (NVI)

―――

Por lo tanto, siempre que tengamos la oportunidad, hagamos bien a todos, y en especial a los de la familia de la fe.

Gálatas 6:10 (NVI)

―――

De este modo todos sabrán que son mis discípulos, si se aman los unos a los otros.

Juan 13:35 (BAD)

―――

¡Que el amor sea para ustedes la más alta meta!

1 Corintios 14:1 (BAD)

―――

El amor durará por siempre. Aprender a amar debe ser el objetivo de la vida ya que será la norma que Dios usará para evaluarnos en la eternidad.

No importa lo que diga, lo que crea o lo que haga, sin amor estoy en quiebra.
1 Corintios 13:13 (PAR)

En Cristo Jesús ... lo que vale es la fe que actúa mediante el amor.
Gálatas 5:6 (NVI)

Estén llenos de amor hacia los demás; sigan en esto el ejemplo de Cristo, quien nos amó y se entregó en sacrificio a Dios por nuestros pecados.
Efesios 5:2 (BAD)

Tanto amó Dios al mundo, que dio a su Hijo unigénito, para que todo el que cree en él no se pierda, sino que tenga vida eterna.
Juan 3:16 (NVI)

Jesús dijo que la manera de amarlo es amar a su familia y atender sus necesidades prácticas:

De cierto os digo que en cuanto lo hicisteis a uno de estos mis hermanos más pequeños, a mí lo hicisteis.
Mateo 25:40 (RVR60)

Hijos míos, no solamente debemos decir que amamos, sino que debemos demostrarlo por medio de lo que hacemos.

1 Juan 3:18 (PAR)

—◆—

Como el amor es lo más importante, debe tener prioridad.

Siempre que tengamos la oportunidad, hagamos bien a todos.

Gálatas 6:10 (BAD)

—◆—

Aprovechemos al máximo cada momento oportuno.

Efesios 5:16 (PAR)

—◆—

Nunca digas a tu prójimo: «Vuelve más tarde; te ayudaré mañana», si hoy tienes con qué ayudarlo.

Proverbios 3:27 (PAR)

—◆—

[Jesús dijo:] «Ama al Señor tu Dios con todo su corazón...» Éste es el primero y el más importante de los mandamientos. El segundo se parece a éste: «Ama a tu prójimo como a ti mismo». De estos dos mandamientos dependen toda la ley y los profetas.

Mateo 22:37-40 (BAD)

—◆—

REFLEXIONES

_____

_____

_____

_____

_____

_____

_____

_____

_____

_____

_____

_____

_____

_____

_____

_____

Un lugar a pertenecer

——— ❧ ———

Ya son ustedes ... miembros de la familia de Dios, ciudadanos del país de Dios y conciudadanos de los cristianos de todas partes.
Efesios 2:19 (BAD)

——

La familia de Dios ... es la iglesia del Dios viviente, la cual sostiene y defiende la verdad.
1 Timoteo 3:15 (DHH)

——

Dios nos creó para vivir en comunidad, para la comunión y para tener una familia, y no podemos cumplir los propósitos de Dios por sí solos. Eres llamado a pertenecer, no solo a creer.

[Dios dijo:] No es bueno que el hombre esté solo.
Génesis 2:18 (NVI)

También nosotros, siendo muchos, formamos un solo cuerpo en Cristo, y cada miembro está unido a todos los demás.
Romanos 12:5 (NVI)

En él todo el edificio, bien armado, se va levantando para llegar a ser un templo santo en el Señor. En él también ustedes son edificados juntamente para ser morada de Dios por su Espíritu.
Efesios 2:21-22 (NVI)

Por su acción todo el cuerpo crece y se edifica en amor, sostenido y ajustado por todos los ligamentos, según la actividad propia de cada miembro.
Efesios 4:16 (NVI)

Aunque el cuerpo es uno solo, tiene muchos miembros, y todos los miembros, no obstante ser muchos, forman un solo cuerpo. Así sucede con Cristo. Todos fuimos bautizados por un solo Espíritu para constituir un solo cuerpo —ya seamos judíos o gentiles, esclavos o libres—, y a todos se nos dio a beber de un mismo Espíritu. Ahora bien, el cuerpo no consta de un solo miembro sino de muchos. Si el pie dijera: «Como no soy mano, no soy del cuerpo», no por eso dejaría de ser parte del cuerpo. Y si la oreja dijera: «Como no soy ojo, no soy del cuerpo», no por eso dejaría de ser parte del cuerpo. Si todo el cuerpo fuera ojo, ¿qué sería del oído? Si todo el cuerpo fuera oído, ¿qué sería del olfato? En realidad, Dios colocó cada miembro del cuerpo como mejor le pareció.

1 Corintios 12:12-18 (NVI)

El sentido de cada una de las partes lo da el cuerpo en su totalidad y no al contrario. Estamos hablando del cuerpo de Cristo formado por su pueblo elegido. Cada uno de nosotros encontramos nuestro sentido y función como parte de su cuerpo. Si somos un dedo de la mano o del pie cortados y sueltos, no servimos de mucho, ¿no?

Romanos 12:4-5 (NVI)

Ser miembro de la familia de Dios tiene repercusiones y no es algo para ser ignorado casualmente. La iglesia es parte del plan de Dios para el mundo.

Edificaré mi iglesia, y las puertas del reino de la muerte no prevalecerán contra ella.
Mateo 16:18 (NVI)

❧

Cristo amó a la iglesia y se entregó por ella para hacerla santa. Él la purificó, lavándola con agua mediante la palabra, para presentársela a sí mismo como una iglesia radiante, sin mancha ni arruga ni ninguna otra imperfección, sino santa e intachable.
Efesios 5:25-27 (NVI)

❧

Amemos a nuestra familia espiritual.
1 Pedro 2:17 (PAR)

❧

Necesitas a tu familia eclesiástica porque esta te identifica como un cristiano genuino, te aparta del aislamiento egocéntrico y te ayuda a mantener en forma espiritualmente.

[Jesús dijo:] De este modo todos sabrán que son mis discípulos, si se aman los unos a los otros.
Juan 13:35 (NVI)

[Jesús oró:]   No ruego sólo por éstos. Ruego también por los que han de creer en mí por el mensaje de ellos, para que todos sean uno. Padre, así como tú estás en mí y yo en ti, permite que ellos también estén en nosotros, para que el mundo crea que tú me has enviado.
Juan 17:20-21 (NVI)

Si uno de los miembros sufre, los demás comparten su sufrimiento; y si uno de ellos recibe honor, los demás se alegran con él.
1 Corintios 12:26 (NVI)

En esto conocemos lo que es el amor: en que Jesucristo entregó su vida por nosotros. Así también nosotros debemos entregar la vida por nuestros hermanos.
1 Juan 3:16 (BAD)

Por su acción todo el cuerpo crece y se edifica en amor, sostenido y ajustado por todos los ligamentos, según la actividad propia de cada miembro.
Efesios 4:16 (NVI)

No se trata solamente de que necesites al Cuerpo de Cristo, sino de que este también te necesita a ti. Dios tiene un papel exclusivo para que lo desempeñes en su familia.

Dios da a cada uno alguna prueba de la presencia del Espíritu, para provecho de todos. Por medio del Espíritu, a unos les concede que hablen con sabiduría; y a otros, por el mismo Espíritu, les concede que hablen con profundo conocimiento. Unos reciben fe por medio del mismo Espíritu, y otros reciben el don de curar enfermos. Unos reciben poder para hacer milagros, y otros tienen el don de profecía. A unos, Dios les da la capacidad de distinguir entre los espíritus falsos y el Espíritu verdadero, y a otros la capacidad de hablar en lenguas; y todavía a otros les da la capacidad de interpretar lo que se ha dicho en esas lenguas. Pero todas estas cosas las hace con su poder el único y mismo Espíritu, dando a cada persona lo que a él mejor le parece.
1 Corintios 12:7-11 (DHH)

Dios nos ha creado en Cristo Jesús para trabajar juntos en su obra, en las buenas obras que Dios ha dispuesto para que hagamos, en la obra que más vale que pongamos en práctica.
Efesios 2:10 (PAR)

Nadie es inmune a la tentación. Como Dios sabe eso, nos ha asignado como individuos la responsabilidad de cuidarnos mutuamente.

Anímense unos a otros cada día, para que ninguno de ustedes se endurezca por el engaño del pecado.
Hebreos 3:13 (NVI)

Si sabemos de alguno que se extravía de la verdad de Dios, no lo descartemos, busquémoslo y hagámoslo volver.
Santiago 5:19 (PAR)

[Los líderes de la iglesia] cuidan de ustedes sin descanso, y saben que son responsables ante Dios de lo que a ustedes les pase.
Hebreos 13:17 (BAD)

La vida cristiana es más que el simple compromiso con Cristo: también implica el compromiso con otros cristianos.

Se entregaron a sí mismos, primeramente al Señor y después a nosotros, conforme a la voluntad de Dios.
2 Corintios 8:5 (NVI)

REFLEXIONES

_____

_____

_____

_____

_____

_____

_____

_____

_____

_____

_____

_____

_____

_____

_____

_____

_____

_____

Viviendo la vida juntos

— ❧ —

Ustedes fueron llamados a formar un solo cuerpo, el cuerpo de Cristo.
Colosenses 3:15 (BLS)

—

¡Cuán bueno y cuán agradable es que los hermanos convivan en armonía!
Salmo 133:1 (NVI)

—

La intención de Dios es que experimentemos la vida juntos. En la Biblia esta experiencia comunitaria se conoce como vivir en comunión.

Porque donde dos o tres se reúnen en mi nombre, allí estoy yo en medio de ellos.

Mateo 18:20 (NVI)

Más valen dos que uno, porque obtienen más fruto de su esfuerzo. Si caen, el uno levanta al otro ... Uno solo puede ser vencido, pero dos pueden resistir. ¡La cuerda de tres hilos no se rompe fácilmente!

Eclesiastés 4:9-12 (NVI)

En la comunión verdadera experimentamos autenticidad.

Si vivimos en la luz, así como él está en la luz, tenemos comunión unos con otros ... Si afirmamos que no tenemos pecado, nos engañamos a nosotros mismos y no tenemos la verdad.

1 Juan 1:7-8 (NVI)

Nuestra práctica debería ser: confesarnos unos a otros nuestros pecados y orar unos por otros para poder vivir todos juntos y ser sanados.
Santiago 5:16 (PAR)

—⟐—

En la comunión verdadera experimentamos reciprocidad... el arte de dar y recibir.

Dios diseñó nuestros cuerpos como un modelo para que pudiéramos entender nuestras vidas reunidas como iglesia: cada parte dependiente de todas las demás partes.
1 Corintios 12:25 (PAR)

—⟐—

Ayudemos entre nosotros con la fe que compartimos. Tu fe me ayudará y mi fe te ayudará.
Romanos 1:12 (PAR)

—⟐—

Ámense como hermanos los unos a los otros, dándose preferencia y respetándose mutuamente.
Romanos 12:10 (DHH)

—⟐—

Esforcémonos por promover todo lo que conduzca a la paz y a la mutua edificación.
Romanos 14:19 (NVI)

—⟐—

En la comunión verdadera experimentamos compasión.

Como escogidos de Dios, santos y amados, debemos vivir con verdadera compasión, bondad, humildad, mansedumbre y paciencia.
Colosenses 3:12 (PAR)

—◆—

Cuando tengan dificultades, ayúdense unos a otros. Esa es la manera de obedecer la ley de Cristo.
Gálatas 6:2 (BLS)

—◆—

Aunque uno se aparte del temor al Todopoderoso, el amigo no le niega su lealtad.
Job 6:14 (NVI)

—◆—

En la comunión verdadera experimentamos misericordia.

[Cuando alguien peca] más bien debieran perdonarlo y consolarlo para que no sea consumido por la excesiva tristeza.
2 Corintios 2:7 (NVI)

—⁓—

No guarden rencor.
Colosenses 3:13 (BAD)

—⁓—

Tengan paciencia unos con otros, y perdónense si alguno tiene una queja contra otro. Así como el Señor los perdonó, perdonen también ustedes.
Colosenses 3:13 (DHH)

—⁓—

REFLEXIONES

_____

_____

_____

_____

_____

_____

_____

_____

_____

_____

_____

_____

_____

_____

_____

_____

_____

_____

_____

_____

Cultivar la vida en comunidad

—— ✿ ——

**Podrán desarrollar una comunidad saludable y
robusta que viva bien con Dios y disfrutar los
resultados únicamente si se esfuerzan por llevarse
bien unos con otros, tratándose entre sí con
dignidad y honra.**
Santiago 3:18 (PAR)

**Todos seguían firmes en lo que los apóstoles les
enseñaban, y compartían lo que tenían, y oraban y
se reunían para partir el pan.**
Hechos 2:42 (DHH)

La vida en comunidad requiere compromiso. Solo el Espíritu Santo puede crear la comunión verdadera entre los creyentes, pero la cultiva con las elecciones que hagamos y los compromisos que asumamos.

Esfuércense por mantener la unidad del Espíritu mediante el vínculo de la paz.
Efesios 4:3 (NVI)

El Nuevo Testamento reboza de instrucciones acerca de cómo vivir juntos.

Escribo estas instrucciones para que ... sepas cómo hay que portarse en la casa de Dios, que es la iglesia del Dios viviente.
1 Timoteo 3:14-15 (NVI)

Cultivar la vida en comunidad requiere sinceridad.

Hablando la verdad en amor, crezcamos en todos los aspectos en aquel que es la cabeza, es decir, Cristo.
Efesios 4:15 (LBLA)

Hermanos, si ven que alguien ha caído en algún pecado, ustedes que son espirituales deben ayudarlo a corregirse. Pero háganlo amablemente; y que cada cual tenga mucho cuidado, no suceda que él también sea puesto a prueba.
Gálatas 6:1-2 (DHH)

Una respuesta sincera es el signo de una
verdadera amistad.

Proverbios 24:26 (PAR)

No más mentiras, no más falsas impresiones.
Díganle a su prójimo la verdad. En el cuerpo de
Cristo todos estamos conectados entre sí, a fin
de cuentas. Cuando mienten a otros, se mienten
a ustedes mismo.

Efesios 4:25 (PAR)

A fin de cuentas, más se aprecia al que reprende
que al que adula.

Proverbios 28:23 (BAD)

No miren para otro lado con la esperanza de que
el problema desaparecerá. Sáquenlo a la luz y
trátenlo ... Mejor un poco de devastación y
vergüenza que la maldición ... Ustedes creen
que se trata de algo sin importancia, pero por el
contrario ... no deberían actuar como si todo
estuviera bien cuando uno de sus compañeros
cristianos es inmoral o calumniador, es arrogante
con Dios o grosero con sus amigos, se emborracha
o es avaro y estafador. No toleren esta situación,
ni consideren aceptable ese comportamiento.
No soy responsable de lo que hagan los de afuera,
pero, ¿acaso no tenemos responsabilidad hacia los
de adentro, los que conforman nuestra comunidad
de creyentes?

1 Corintios 5:3-12 (PAR)

No reprendas con dureza al anciano, sino aconséjalo como si fuera tu padre. Trata a los jóvenes como a hermanos; a las ancianas como a madres; a las jóvenes como a hermanas.

1 Timoteo 5:1-2 (NVI)

Cultivar la vida en comunidad requiere humildad.

Revístanse todos de humildad en su trato mutuo, porque «Dios se opone a los orgullosos, pero da gracia a los humildes».

1 Pedro 5:5 (NVI)

Vivan siempre en armonía. Y no sean orgullosos, sino traten como iguales a la gente humilde.
No se crean más inteligentes que los demás.

Romanos 12:16 (BLS)

Honren más a los demás que a ustedes. No se interesen solo en ustedes sino interésense en la vida de los demás.

Filipenses 2:3-4 (PAR)

Cultivar la vida en comunidad requiere amabilidad.

Hagamos cuanto contribuya al bien ... con el fin de edificar a las personas.
Romanos 15:2 (PAR)

— ∿ —

El pueblo de Dios debe tener un gran corazón y ser amable.
Tito 3:2 (PAR)

— ∿ —

Ámense los unos a los otros con amor fraternal, respetándose y honrándose mutuamente.
Romanos 12:10 (NVI)

— ∿ —

Cultivar la vida en comunidad requiere confidencialidad.

El perverso provoca contiendas y el chismoso divide a los buenos amigos.
Proverbios 16:28 (PAR)

— ∿ —

Al que cause divisiones, amonéstalo dos veces, y después evítalo.
Tito 3:10 (NVI)

— ∿ —

Cultivar la vida en comunidad requiere contacto frecuente.

No dejemos de congregarnos, como acostumbran hacerlo algunos, sino animémonos unos a otros.
Hebreos 10:25 (NVI)

〜

[Los primeros cristianos] no dejaban de reunirse en el templo ni un solo día. De casa en casa partían el pan y compartían la comida con alegría y generosidad.
Hechos 2:46 (NVI)

〜

En esto conocemos lo que es el amor: en que Jesucristo entregó su vida por nosotros. Así también nosotros debemos entregar la vida por nuestros hermanos.
1 Juan 3:16 (NVI)

〜

REFLEXIONES

_____

_____

_____

_____

_____

_____

_____

_____

_____

_____

_____

_____

_____

_____

_____

_____

_____

_____

_____

Restaura el compañerismo

— ✿ —

**Dios ... por medio de Cristo nos reconcilió consigo
mismo y nos dio el ministerio de la reconciliación.
2 Corintios 5:18 (NVI)**

—

Siempre es valioso restaurar relaciones. Dios nos ha dado el ministerio de restaurar relaciones. Por lo tanto, gran parte del Nuevo Testamento se ocupa de la enseñanza de cómo tratarnos mutuamente.

Por tanto, si sienten algún estímulo en su unión con Cristo, algún consuelo en su amor, algún compañerismo en el Espíritu, algún afecto entrañable, llénenme de alegría teniendo un mismo parecer, un mismo amor, unidos en alma y pensamiento.
                    Filipenses 2:1-2 (NVI)

~

Digo esto para que les dé vergüenza. ¿Acaso no hay entre ustedes nadie lo bastante sabio como para juzgar un pleito entre creyentes?
                    1 Corintios 6:5 (PAR)

~

Les suplico, hermanos, en el nombre de nuestro Señor Jesucristo, que todos vivan en armonía y que no haya divisiones entre ustedes, sino que se mantengan unidos en un mismo pensar y en un mismo propósito.
                    1 Corintios 1:10 (PAR)

~

Dichosos los que trabajan por la paz, porque serán llamados hijos de Dios.
                    Mateo 5:9 (NVI)

~

Solo consigues lastimarte con tu enojo.
Job 18:4 (PAR)

Dios nos ha llamado a restablecer nuestras relaciones unos con otros.
2 Corintios 5:18 (PAR)

Hay siete pasos bíblicos para restaurar el compañerismo:

1. *Habla con Dios antes que con la persona.*

¿De dónde surgen las guerras y los conflictos entre ustedes? ¿No es precisamente de las pasiones que luchan dentro de ustedes mismos? Desean algo y no lo consiguen. Matan y sienten envidia, y no pueden obtener lo que quieren. Riñen y se hacen la guerra. No tienen, porque no piden.
Santiago 4:1-2 (NVI)

---

2. *Toma la iniciativa siempre.*

Si entras en tu lugar de adoración y, al presentar tu ofrenda, recuerdas de pronto que tu hermano tiene algo contra ti, deja tu ofrenda, ve directamente a donde se encuentra tu amigo y hagan las paces. Entonces, y solo entonces, vuelve y relaciónate con Dios.
Mateo 5:23-24 (PAR)

---

3. Sé comprensivo.

Cada uno debe velar no sólo por sus propios intereses sino también por los intereses de los demás.

Filipenses 2:4 (NVI)

El buen juicio hace al hombre paciente; su gloria es pasar por alto la ofensa.

Proverbios 19:11 (NVI)

Cada uno debe agradar al prójimo para su bien, con el fin de edificarlo.

Romanos 15:2 (NVI)

Eviten las palabras dañinas, usen sólo palabras constructivas, que sirvan para edificación y sostén, para que lo que digan haga bien a quienes escuchan.

Efesios 4:29 (PAR)

---

4. Confiesa tu parte en el conflicto.

[Jesús dijo:] saca primero la viga de tu propio ojo,
y entonces verás con claridad para sacar la astilla
del ojo de tu hermano.
Mateo 7:5 (NVI)

Si decimos que estamos libres de pecado, lo único
que conseguimos es engañarnos.
1 Juan 1:8 (PAR)

---

5. Ataca el problema, no a la persona.

Cuando mis pensamientos estaban llenos de
amargura y mis sentimientos estaban heridos,
¡fui tan estúpido como un animal!
Salmo 73:21-22 (PAR)

La respuesta amable calma el enojo, pero la
agresiva echa leña al fuego.
Proverbios 15:1 (NVI)

A la persona sabia y madura se le conoce por su
inteligencia. Cuanto más agradables sus palabras,
más convincente es la persona.
Proverbios 16:21 (PAR)

---

6. Coopera tanto como puedas.

En cuanto dependa de ustedes, vivan en paz con
todos.

Romanos 12:18 (PAR)

Ustedes son benditos cuando son capaces de
mostrar a la gente cómo cooperar en lugar de
competir o luchar. Entonces pueden descubrir
quiénes son realmente y cuál es su lugar en la
familia de Dios.

Mateo 5:9 (PAR)

7. Haz hincapié en la reconciliación, no en la solución.

Esforcémonos por vivir en paz unos con otros.

1 Pedro 3:11 (BAD)

Dichosos los que trabajan por la paz, porque serán
llamados hijos de Dios.

Mateo 5:9 (NVI)

Porque ni siquiera Cristo se agradó a sí mismo
sino que, como está escrito: «Sobre mí han recaído
los insultos de tus detractores».

Romanos 15:3 (NVI)

REFLEXIONES

_____

_____

_____

_____

_____

_____

_____

_____

_____

_____

_____

_____

_____

_____

_____

_____

_____

_____

Cuida tu iglesia

—— ✲ ——

**Esfuércense por mantener la unidad del Espíritu
mediante el vínculo de la paz.**

Efesios 4:3 (NVI)

—✲—

**Que el amor sea el árbitro de sus vidas, porque
entonces la iglesia permanecerá unida en perfecta
armonía.**

Colosenses 3:14 (BAD)

—✲—

Dios desea intensamente que experimentemos la unidad y armonía unos con otros. La unidad es el alma de la comunión.

Esfuércense por mantener la unidad del espíritu en el vínculo de la paz.
Efesios 4:3 (NVI)

No piensen sólo en su propio bien. Piensen en los otros cristianos y en lo que es mejor para ellos.
1 Corintios 10:24 (BAD)

¿Cómo podemos hacer esto? La Palabra de Dios nos da consejos prácticos:

1. Enfoquémonos en lo que tenemos en común, no en las diferencias.

Esforcémonos en promover todo lo que conduzca a la paz y a la mutua edificación.
Romanos 14:19 (PAR)

Que haya verdadera armonía para que no surjan divisiones en la iglesia. Les suplico que tengan la misma mente, que estén unidos en un mismo pensamiento y propósito.
1 Corintios 1:10 (NVI)

---

2. Sé realista con respecto a tus expectativas.

Tengan paciencia unos con otros, siendo indulgentes
con las fallas de los demás por su amor.
Efesios 4:2 (NVI)

---

3. Decídete a animar más que a criticar.

¿Qué derecho tienes de criticar a los siervos de
otro? Sólo tu Señor puedes decidir si están
haciendo lo correcto.
Romanos 14:4 (PAR)

¿Por qué criticas las acciones de tu hermano, por
qué intentas empequeñecerlo? Todos seremos
juzgados un día, no por las normas de otros, ni
siquiera por las nuestras, sino por el juicio de Dios.
Romanos 14:10 (PAR)

Pongámonos de acuerdo en usar toda nuestra
energía para llevarnos bien entre nosotros.
Ayuden a los demás con palabras alentadoras;
no los derrumben con la crítica.
Romanos 14:19 (PAR)

Un espíritu de censura es un vicio costoso. La
Biblia llama a Satanás «el acusador de nuestros
hermanos» (Apocalipsis 12:10). Recuerda que
los otros cristianos, no importa cuánto discrepes
de ellos, no son el verdadero enemigo.

4. Niégate a escuchar chismes.

Los alborotadores escuchan a los alborotadores.
Proverbios 17:4 (PAR)

En los últimos tiempos habrá personas que no tomen en serio los mandamientos de Dios. Éstos son los que dividen las iglesias, pensando sólo en ellos mismos.
Judas 1:18-19 (PAR)

El chismoso revela los secretos; por lo tanto, no te asocies con el charlatán.
Proverbios 20:19 (PAR)

Pablo advirtió acerca de los «cristianos caníbales» que se «devoran unos a otros» (Gálatas 5:15, paráfrasis) y destruyen la comunión. La Biblia dice que esta clase de alborotadores debe ser evitada.

Sin combustible se apaga el fuego, y las tensiones desaparecen cuando se acaban los chismes.
Proverbios 26:20 (BAD)

INSPIRACIÓN DIARIA PARA UNA VIDA CON PROPÓSITO

5. Practica el método de Dios para solucionar conflictos.

Si tu hermano peca contra ti, ve a solas con él y hazle ver su falta. Si te hace caso, has ganado a tu hermano. Pero si no, lleva contigo a uno o dos más, para que «todo asunto se resuelva mediante el testimonio de dos o tres testigos». Si se niega a hacerles caso a ellos, díselo a la iglesia.
Mateo 18:15-17 (NVI)

6. Apoya a tu pastor y a los líderes.

Respondan a sus líderes pastorales. Escuchen su consejo. Ellos están alertas a la condición de sus vidas y obran bajo la supervisión estricta de Dios. Contribuyan al gozo de su liderazgo.
Hebreos 13:17 (PAR)

[Los pastores] cuidan de ustedes como quienes tienen que rendir cuentas.
Hebreos 13:17 (NVI)

Honren a los líderes que trabajan tanto por ustedes, que han recibido la responsabilidad de exhortarlos y guiarlos en la obediencia. ¡Cólmenlos de aprecio y amor!
1 Tesalonicenses 5:12-13 (PAR)

REFLEXIONES

_____

_____

_____

_____

_____

_____

_____

_____

_____

_____

_____

_____

_____

_____

_____

_____

_____

_____

_____

_____

Propósito 3:

FUISTE CREADO PARA SER COMO CRISTO

Vivan en unión vital con él, enraizados en él, y nútranse de él. Mantengan un ritmo de crecimiento en el Señor, y fortalézcanse y vigorícense en la verdad.

Colosenses 2:6-7 (BAD)

Creado para ser como Cristo

—— ❦ ——

Desde el mismo principio Dios decidió que los que se acercaran a él (y él sabía quiénes se habrían de acercar) fueran como su Hijo, para que él fuera el mayor entre muchos hermanos.
Romanos 8:29 (BAD)

—

Vemos a este hijo y vemos el propósito original de Dios en todo lo creado.
Colosenses 1:15 (PAR)

—

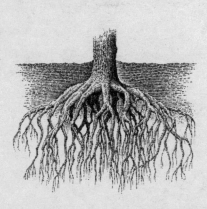

Desde el comienzo mismo, el plan de Dios fue crearnos a semejanza de su Hijo Jesús.

Hagamos a los seres humanos a nuestra imagen y semejanza.
Génesis 1:26 (NVI)

—◆—

¿A qué se parece la «imagen y semejanza» completa de Dios? ¡Se parece a Jesucristo! La Biblia dice:

[Jesús es] la exacta semejanza de Dios.
2 Corintios 4:4 (PAR)

—◆—

[Jesús es] la imagen visible del Dios invisible.
Colosenses 1:15 (PAR)

—◆—

[Jesús es] la fiel imagen de lo que él [Dios] es.
Hebreos 1:3 (NVI)

—◆—

Fuimos creados para ser como Dios, verdaderamente justos y santos.
Efesios 4:24 (PAR)

—◆—

Dios no quiere que llegues a ser un dios; él quiere que seas piadoso: que tomes los valores, las actitudes y el carácter propio de él.

Adoptemos una manera enteramente nueva de vivir, una vida moldeada por Dios, una vida que, renovada desde dentro, forme parte de su conducta mientras Dios reproduce con toda precisión su carácter en ustedes.

Efesios 4:22 (PAR)

―※―

La función del Espíritu Santo es producir el carácter de Cristo en ti.

Mientras el Espíritu del Señor obra dentro de nosotros, llegamos a ser cada vez más como él y reflejamos su gloria más aún.

2 Corintios 3:18 (BAD)

―※―

Dios es quien produce en ustedes tanto el querer como el hacer, para que se cumpla su buena voluntad.

Filipenses 2:13 (NVI)

―※―

A menudo Dios nos llama la atención con «un suave murmullo» (1 Reyes 19:12, NVI).

La semejanza con Cristo no se produce por imitación, sino porque Cristo mora en nosotros.

Porque este es el secreto: Cristo vive en ustedes.

Colosenses 1:27 (NVI)

―※―

Aunque el esfuerzo no tiene nada que ver con nuestra salvación, tiene mucho que ver con nuestro crecimiento espiritual. Por lo menos ocho veces en el Nuevo Testamento se nos dice que «hagamos todo esfuerzo» en nuestro crecimiento para llegar a ser como Jesús.

[Jesús dijo:] Esfuércense por entrar por la puerta estrecha ... porque les digo que muchos tratarán de entrar y no podrán.

Lucas 13:24 (NVI)

※

Esfuérzate por presentarte a Dios aprobado, como obrero que no tiene de qué avergonzarse y que interpreta rectamente la palabra de verdad.

2 Timoteo 2:15 (NVI)

※

Busquen la paz con todos, y la santidad, sin la cual nadie verá al Señor.

Hebreos 12:14 (NVI)

※

Esfuércense por añadir a su fe, virtud; a su virtud, entendimiento; al entendimiento, dominio propio; al dominio propio, constancia; a la constancia, devoción a Dios; a la devoción a Dios, afecto fraternal; y al afecto fraternal, amor.

2 Pedro 1:5-7 (NVI)

※

Según su promesa, esperamos un cielo nuevo y una tierra nueva, en los que habite la justicia. Por eso, queridos hermanos, mientras esperan estos acontecimientos, esfuércense para que Dios los halle sin mancha y sin defecto, y en paz con él.

2 Pedro 3:13-14 (NVI)

Tenemos tres responsabilidades para llegar a ser como Cristo.

Primero, debemos escoger abandonar nuestras maneras antiguas de actuar.

Deshágan se de todo lo que tenga que ver con su viejo estilo de vida. Está totalmente podrido. ¡Líbrense de él!

Efesios 4:22 (PAR)

Segundo, debemos cambiar nuestra manera de pensar.

Permitan que el Espíritu cambie su manera de pensar.

Efesios 4:23 (PAR)

Tercero, debemos «vestirnos» con el carácter de Cristo, desarrollando nuevos y consagrados hábitos.

[Deben] ponerse el ropaje de la nueva naturaleza, creada a imagen de Dios, en verdadera justicia y santidad.

Efesios 4:24 (NVI)

INSPIRACIÓN DIARIA PARA UNA VIDA CON PROPÓSITO

La madurez espiritual no es instantánea ni automática; es un desarrollo gradual y progresivo que llevará el resto de tu vida. Llegar a ser como Cristo es un proceso largo y lento de crecimiento.

[El proceso de convertirnos en cristianos] continuará hasta que seamos ... maduros, así como Cristo es, y seamos completamente como él.
Efesios 4:13 (PAR)

―⋘⋙―

Ni siquiera nos podemos imaginar cómo seremos cuando Cristo vuelva. Pero sabemos que cuando él venga, seremos como él, porque lo veremos como él realmente es.
1 Juan 3:2 (BAD)

―⋘⋙―

No se acomoden tan bien a su cultura que se conformen a ella sin siquiera notarlo. En cambio, pongan su atención en Dios. Serán cambiados de adentro hacia fuera ... A diferencia de la cultura que los rodea, que siempre los arrastra hacia un nivel inferior de inmadurez, Dios hace que surja lo mejor de ustedes, y desarrolla una madurez bien compuesta en ustedes.
Romanos 12:2 (PAR)

―⋘⋙―

REFLEXIONES

_____

_____

_____

_____

_____

_____

_____

_____

_____

_____

_____

_____

_____

_____

_____

_____

_____

_____

_____

Cómo crecemos

— ✍ —

Dios quiere que crezcamos hasta ser en todo como ... Cristo.
Efesios 4:15 (PAR)

—⚬—

Así ya no seremos niños.
Efesios 4:14 (NVI)

—⚬—

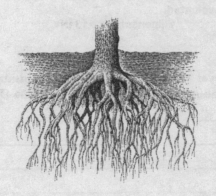

El discipulado, el proceso de llegar a ser más semejantes a Cristo, siempre empieza con una decisión.

Jesús le dijo: «Ven, sé mi discípulo». Así que Mateo se levantó y lo siguió.

Mateo 9:9 (NVI)

～

En cuanto decidas con seriedad llegar a ser semejante a Cristo, deberás empezar a actuar de una manera nueva. Podrás estar seguro de que el Espíritu Santo te ayudará con tales cambios.

Lleven a cabo su salvación con temor y temblor, pues Dios es quien produce en ustedes tanto el querer como el hacer para que se cumpla su buena voluntad.

Filipenses 2:12-13 (NVI)

～

El «llevar a cabo» es nuestra responsabilidad, y el «producir» es el papel que desempeña Dios.

El primer paso en el crecimiento espiritual es empezar por cambiar la manera de pensar. La manera en que pienses determinará cómo te sientes, y cómo te sientes influirá en cómo actúas.

Ten cuidado con lo que piensas; tu vida es moldeada por tus pensamientos.
Proverbios 4:23 (PAR)

Dejen que Dios los transforme en una nueva persona, cambiando su forma de pensar.
Romanos 12:2 (BAD)

Debe haber una renovación espiritual de sus pensamientos y actitudes.
Efesios 4:23 (BAD)

Pensemos del mismo modo en que pensaba Cristo Jesús.
Filipenses 2:5 (PAR)

Dejen de pensar como los niños. Sean niños en la malicia, pero sean adultos en su forma de pensar.
1 Corintios 14:20 (NVI)

Ya que todo lo que nos rodea será consumido por el fuego, ¡qué vidas santas y piadosas deberíamos vivir!
2 Pedro 3:11 (NVI)

Los que viven siguiendo sus egos pecaminosos sólo piensan en las cosas que su ego pecaminoso desea.

Romanos 8:5 (PAR)

Cuando yo era un niño, hablaba como niño, pensaba como niño, razonaba como niño. Cuando llegué a ser adulto, dejé atrás las cosas de niño.

1 Corintios 13:11 (NVI)

Nosotros debemos pensar en el bien de ellos e intentar ayudarlos haciendo lo que les agrada. Ni siquiera Cristo intentaba agradarse.

Romanos 15:2-3 (NVI)

Dios nos ha dado su Espíritu. Por eso nosotros no pensamos igual que las personas de este mundo.

1 Corintios 2:12 (PAR)

Dejen que Dios los transforme en una nueva persona, cambiando su forma de pensar.

Romanos 12:2 (BAD)

REFLEXIONES

_____

_____

_____

_____

_____

_____

_____

_____

_____

_____

_____

_____

_____

_____

_____

_____

_____

_____

_____

Transformados por la verdad

La gente necesita más que pan para vivir; y
deben alimentarse con cada Palabra de Dios.
Mateo 4:4 (BAD)

Ahora los encomiendo a Dios y al mensaje
de su gracia, mensaje que tiene poder para
transformarles y darles herencia.
Hechos 20:32 (PAR)

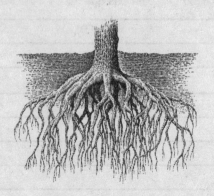

El crecimiento espiritual es el proceso que reemplaza las mentiras con la verdad. El Espíritu de Dios utiliza la Palabra de Dios para hacernos como el Hijo de Dios. Para llegar a ser como Jesús, debemos llenar nuestras vidas de su Palabra.

[Jesús oró:] Santifícalos en la verdad; tu palabra es la verdad.

Juan 17:17 (NVI)

Por medio de la Palabra somos reunidos y formados para las tareas que Dios tiene para nosotros.

2 Timoteo 3:17 (PAR)

[Jesús dijo:] Las palabras que les he hablado son espíritu y son vida.

Juan 6:63 (LBLA)

La Palabra de Dios es diferente a cualquier otra palabra. Sin la palabra de Dios ni siquiera estarías vivo.

La palabra de Dios es viva y poderosa, y más cortante que cualquier espada de dos filos. Penetra hasta lo más profundo del alma y del espíritu, hasta la médula de los huesos, y juzga los pensamientos y las intenciones del corazón.
Hebreos 4:12 (NVI)

Ustedes han nacido de nuevo, no de simiente perecedera, sino de simiente imperecedera, mediante la palabra de Dios que vive y permanece.
1 Pedro 1:23 (NVI)

Dios decidió darnos vida por medio de la palabra de verdad para que podamos ser lo más importante de todas las cosas que él hizo.
Santiago 1:18 (PAR)

La Palabra de Dios es el alimento espiritual que debes tener para cumplir tu propósito.

En lo más profundo de mi ser he atesorado las palabras de su boca.
Job 23:12 (NVI)

Deseen con ansias la leche pura de la palabra, como niños recién nacidos. Así, por medio de ella, crecerán en su salvación.
1 Pedro 2:2 (NVI)

Jesús le respondió: ... No sólo de pan vive el hombre, sino de toda palabra que sale de la boca de Dios.
Mateo 4:4 (NVI)

¡Cuán dulces son a mi paladar tus palabras! ¡Son más dulces que la miel a mi boca!
Salmo 119:103 (NVI)

Para ser un discípulo robusto de Jesús, alimentarte de la Palabra de Dios debe ser tu prioridad.

Si ustedes permanecen en mi palabra, serán verdaderamente mis discípulos.
Juan 8:31 (LBLA)

En la vida diaria, permanecer en la Palabra de Dios implica tres acciones.

1. *Aceptar la autoridad de la Biblia*

Toda palabra de Dios es digna de crédito.
Proverbios 30:5 (NVI)

La Biblia entera nos fue dada por inspiración de Dios y es útil para enseñarnos la verdad, hacernos comprender las faltas cometidas en la vida y ayudarnos a llevar una vida recta.
2 Timoteo 3:16 (PAR)

Estoy de acuerdo con todo lo que enseña la ley y creo lo que está escrito en los profetas.
Hechos 24:14 (NVI)

---

2. *Asimilar la verdad de la Biblia.*

Recibirla:

No hay nada escondido que no llegue a descubrirse, ni nada oculto que no llegue a conocerse públicamente. Por lo tanto, pongan mucha atención. Al que tiene, se le dará más; al que no tiene, hasta lo que cree tener se le quitará.

Lucas 8:17-18 (NVI)

—◦—

Reciban con humildad (modestia, mansedumbre) la palabra sembrada en ustedes, la cual tiene poder para salvarles la vida.

Santiago 1:21 (PAR)

—◦—

Leerla:

La lectura diaria de la Biblia te mantendrá al alcance de la voz de Dios. Por eso Dios instruyó a los reyes de Israel que mantuvieran siempre cerca una copia de su Palabra:

—◦—

Esta copia la tendrán siempre a su alcance y la leerán todos los días de su vida.

Deuteronomio 17:19 (PAR)

Investigarla:

Verdaderamente felices son las personas que estudian cuidadosamente la perfecta ley de Dios que las hace libres, y la siguen estudiando. Ellas no se olvidan de lo que oyeron, sino que obedecen lo que dice la enseñanza de Dios. Los que hacen esto serán felices.

Santiago 1:25 (PAR)

Recordarla:

Mantengan vívidas en su memoria las enseñanzas de Cristo y permitan que sus palabras enriquezcan sus vidas y los hagan sabios.

Colosenses 3:16 (BAD)

En mi corazón atesoro tus dichos para no pecar contra ti.

Salmo 119:11 (NVI)

Tu palabra es una lámpara a mis pies; es una luz en mi sendero.

Salmo 119:105 (NVI)

Al encontrarme con tus palabras, yo las devoraba; ellas eran mi gozo y la alegría de mi corazón, porque yo llevo tu nombre, Señor, Dios Todopoderoso.

Jeremías 15:16 (NVI)

Meditarla:

Los preceptos del Señor ... me alegran el corazón.
Salmo 119:97 (PAR)

—⁓—

Recita siempre el libro de la ley y medita en él de
día y de noche; cumple con cuidado todo lo que en
él está escrito. Así prosperarás y tendrás éxito.
Josué 1:8 (NVI)

—⁓—

Dichoso el hombre que no sigue el consejo de
los malvados, ni se detiene en la senda de los
pecadores ni cultiva la amistad de los blasfemos,
sino que en la ley del Señor se deleita, y día y
noche medita en ella. Es como el árbol plantado a
la orilla de un río que, cuando llega su tiempo, da
fruto y sus hojas jamás se marchitan. ¡Todo cuanto
hace prospera!
Salmo 1:1-3 (NVI)

—⁓—

Todos nosotros, que con el rostro descubierto
reflejamos como en un espejo la gloria del Señor,
somos transformados a su semejanza con más
y más gloria por la acción del Señor, que es el
Espíritu.
2 Corintios 3:18 (NVI)

—⁓—

•

Todo el que me oye estas palabras y las pone
en práctica es como un hombre prudente que
construyó su casa sobre la roca.

Mateo 7:24 (NVI)

Sed hacedores de la palabra, y no tan solamente
oidores, engañándoos a vosotros mismos.

Santiago 1:22 (RVR60)

Cuando terminó de lavarles los pies, se puso el
manto y volvió a su lugar. Entonces les dijo:
—¿Entienden lo que he hecho con ustedes?
Ustedes me llaman Maestro y Señor, y dicen bien,
porque lo soy. Pues si yo, el Señor y el Maestro,
les he lavado los pies, también ustedes deben
lavarse los pies los unos a los otros.
Les he puesto el ejemplo, para que hagan lo
mismo que yo he hecho con ustedes. Ciertamente
les aseguro que ningún siervo es más que su amo,
y ningún mensajero es más que el que lo envió.
¿Entienden esto? Dichosos serán si lo ponen en
práctica.

Juan 13:12-17 (NVI)

Jesús decía a los judíos que habían creído en Él:
Si vosotros permanecéis en mi palabra,
verdaderamente sois mis discípulos;
y conoceréis la verdad, y la verdad os hará libres.

Juan 8:31-32 (LBLA)

REFLEXIONES

_____

_____

_____

_____

_____

_____

_____

_____

_____

_____

_____

_____

_____

_____

_____

_____

_____

_____

_____

Transformados por los problemas

———— ✍ ————

**Pues los sufrimientos ligeros y pasajeros que
ahora padecemos producen una gloria eterna que
vale muchísimo más que todo sufrimiento.**
2 Corintios 4:17 (NVI)

———

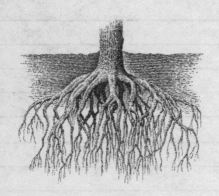

Dios tiene un propósito detrás de cada problema.

Queridos hermanos en Cristo, no se sorprendan de tener que afrontar problemas que ponen a prueba su confianza en Dios. Eso no es nada extraño.
1 Pedro 4:12 (BLS)

En este mundo afrontarán aflicciones, pero ¡anímense! Yo he vencido al mundo.
Juan 16:33 (NVI)

Dios usa los problemas para acercarte a él.

El Señor está cerca de los que tienen el corazón quebrantado; libra a los que tienen el espíritu aplastado.
Salmo 34:18 (BAD)

En los momentos de sufrimiento aprendemos cosas acerca de Dios que no podríamos aprender de otra manera.

Dios pudo haber evitado que José fuera a la cárcel.

[El patrón] mandó que echaran a José en la cárcel donde estaban los presos del rey.
Pero aun en la cárcel el Señor estaba con él y no dejó de mostrarle su amor. Hizo que se ganara la confianza del guardia de la cárcel, el cual puso a José a cargo de todos los prisioneros y de todo lo que allí se hacía. Como el Señor estaba con José y hacía prosperar todo lo que él hacía, el guardia de la cárcel no se preocupaba de nada de lo que dejaba en sus manos.
Génesis 39:20-23 (NVI)

Dios pudo impedir que a Jeremías lo echaran en la mazmorra.

Ellos tomaron a Jeremías y, bajándolo con cuerdas, lo echaron en la cisterna del patio de la guardia, la cual era de Malquías, el hijo del rey. Pero como en la cisterna no había agua, sino lodo, Jeremías se hundió en él.
Jeremías 38:6 (NVI)

Dios pudo evitar que a Daniel lo pusieran en el foso de los leones.

El rey dio entonces la orden, y Daniel fue arrojado al foso de los leones. Allí el rey animaba a Daniel:

—¡Que tu Dios, a quien siempre sirves, se digne salvarte!

Trajeron entonces una piedra, y con ella taparon la boca del foso. El rey lo selló con su propio anillo y con el de sus nobles, para que la sentencia contra Daniel no pudiera ser cambiada. Luego volvió a su palacio y pasó la noche sin comer y sin divertirse, y hasta el sueño se le fue. Tan pronto como amaneció, se levantó y fue al foso de los leones. Ya cerca, lleno de ansiedad gritó:

—Daniel, siervo del Dios viviente, ¿pudo tu Dios, a quien siempre sirves, salvarte de los leones?

—¡Que viva Su Majestad por siempre! —contestó Daniel desde el foso—. Mi Dios envió a su ángel y les cerró la boca a los leones. No me han hecho ningún daño, porque Dios bien sabe que soy inocente. ¡Tampoco he cometido nada malo contra Su Majestad!

Sin ocultar su alegría, el rey ordenó que sacaran del foso a Daniel. Cuando lo sacaron, no se le halló un solo rasguño, pues Daniel confiaba en su Dios.

Daniel 6:16-23 (NVI)

Dios pudo impedir que Pablo naufragara tres veces.

Tres veces me golpearon con varas, una vez me apedrearon, tres veces naufragué, y pasé un día y una noche como náufrago en alta mar. Mi vida ha sido un continuo ir y venir de un sitio a otro; en peligros de ríos, peligros de bandidos, peligros de parte de mis compatriotas, peligros a manos de los gentiles, peligros en la ciudad, peligros en el campo, peligros en el mar y peligros de parte de falsos hermanos. He pasado muchos trabajos y fatigas, y muchas veces me he quedado sin dormir; he sufrido hambre y sed, y muchas veces me he quedado en ayunas; he sufrido frío y desnudez.

2 Corintios 11:25-27 (NVI)

Dios pudo haber evitado que los tres jóvenes hebreos fueran echados en el horno de fuego.

Sadrac, Mesac y Abednego le respondieron a Nabucodonosor:

—¡No hace falta que nos defendamos ante Su Majestad! Si se nos arroja al horno en llamas, el Dios al que servimos puede librarnos del horno y de las manos de Su Majestad. Pero aun si nuestro Dios no lo hace así, sepa usted que no honraremos a sus dioses ni adoraremos a su estatua.

Ante la respuesta de Sadrac, Mesac y Abednego, Nabucodonosor se puso muy furioso y cambió su actitud hacia ellos. Mandó entonces que se calentara el horno siete veces más de lo normal, y que algunos de los soldados más fuertes de su ejército ataran a los tres jóvenes y los arrojaran al horno en llamas. Fue así como los arrojaron al horno con sus mantos, sandalias, turbantes y todo, es decir, tal y como estaban vestidos. Tan inmediata fue la orden del rey, y tan caliente estaba el horno, que las llamas alcanzaron y mataron a los soldados que arrojaron a Sadrac, Mesac y Abednego, los cuales, atados de pies y manos, cayeron dentro del horno en llamas. En ese momento Nabucodonosor se puso de pie, y sorprendido les preguntó a sus consejeros:

—¿Acaso no eran tres los hombres que atamos y arrojamos al fuego?

—Así es, Su Majestad —le respondieron.

—¡Pues miren! —exclamó—. Allí en el fuego veo a cuatro hombres, sin ataduras y sin daño alguno, ¡y el cuarto tiene la apariencia de un dios!

Dicho esto, Nabucodonosor se acercó a la puerta del horno en llamas y gritó:

—Sadrac, Mesac y Abednego, siervos del Dios Altísimo, ¡salgan de allí, y vengan acá!

Cuando los tres jóvenes salieron del horno, los sátrapas, prefectos, gobernadores y consejeros reales se arremolinaron en torno a ellos y vieron que el fuego no les había causado ningún daño, y que ni uno solo de sus cabellos se había chamuscado; es más, su ropa no estaba quemada ¡y ni siquiera olía a humo!

Daniel 3:16-27 (NVI)

Pero no lo hizo. Dios permitió que esos problemas sucedieran y, como resultado, esas circunstancias acercaron a cada uno de ellos a Dios.

Los problemas nos obligan a mirar a Dios y a depender de él más que de nosotros mismos.

Nos pareció que estábamos ya sentenciados a muerte y vimos lo inútiles que éramos para escapar; pero eso fue lo bueno, porque entonces lo dejamos todo en las manos del único que podía salvarnos: Dios.

2 Corintios 1:9 (BAD)

Porque Dios es el soberano que todo lo controla, los accidentes son solo incidentes en el buen plan que tiene para ti.

Sabemos que Dios dispone todas las cosas para el bien de quienes lo aman, los que han sido llamados de acuerdo con su propósito. Porque a los que Dios conoció de antemano también los predestinó a ser transformados según la imagen de su Hijo.

Romanos 8:28-29 (BAD)

Todos los problemas son una oportunidad para forjar el carácter, y cuanto más difícil sea, mayor será el potencial para construir el músculo espiritual y la fibra moral.

Sabemos que el sufrimiento produce paciencia. Y la paciencia, entereza de carácter.

Romanos 5:3-4 (PAR)

Estos problemas vienen a demostrar que su fe es pura. Esta fe vale mucho más que el oro.

1 Pedro 1:7 (PAR)

Bajo la presión, su vida de fe queda al descubierto y muestra sus colores verdaderos.

Santiago 1:3 (PAR)

Ya que la intención de Dios es hacerte como Jesús, te llevará a través de las mismas experiencias que atravesó su Hijo.

Aunque era Hijo, mediante el sufrimiento aprendió a obedecer; y consumada su perfección, llegó a ser autor de salvación eterna para todos los que le obedecen.

Hebreos 5:8-9 (NVI)

⚬⚬⚬

Nosotros pasamos exactamente por lo mismo que atraviesa Cristo. ¡Si pasamos por tiempos difíciles con él, entonces seguramente pasaremos por los tiempos buenos con él!

Romanos 8:17 (PAR)

⚬⚬⚬

Los problemas no producen automáticamente los resultados que Dios quiere. Muchas personas se vuelven amargadas, en vez de mejorar, y nunca crecen. Tú tienes que responder de la manera en que Jesús lo hubiera hecho.

1. Para tratar con el sufrimiento como Jesús lo hizo, recuerda que el plan de Dios es bueno.

Porque yo sé muy bien los planes que tengo para ustedes —afirma el Señor—planes de bienestar y no de calamidad, a fin de darles un futuro y una esperanza.

Jeremías 29:11 (NVI)

José entendió esta verdad cuando les dijo a sus hermanos que lo habían vendido como esclavo:

Ustedes pensaron hacerme mal, pero Dios transformó ese mal en bien.

Génesis 50:20 (NVI)

Ezequías se hizo eco del mismo sentimiento al referirse a su enfermedad mortal:

Fue por mi propio bien que yo pasé ese tiempo tan difícil.

Isaías 38:17 (PAR)

El secreto de la paciencia es recordar que tu dolor es temporal, pero tu recompensa eterna.

Dios está haciendo lo mejor para nosotros, entrenándonos para vivir para él de la mejor y más santa manera.

Hebreos 12:10 (PAR)

―――

Mantengamos fijos los ojos en Jesús que, sin importarle lo oprobioso de tal muerte, estuvo dispuesto a morir en la cruz porque sabía el gozo que tendría después.

Hebreos 12:2 (BAD)

―――

Por la fe Moisés, ya adulto, renunció a ser llamado hijo de la hija del faraón. Prefirió ser maltratado con el pueblo de Dios a disfrutar de los efímeros placeres del pecado. Consideró que el oprobio por causa del Mesías era una mayor riqueza que los tesoros de Egipto, porque tenía la mirada puesta en la recompensa.

Hebreos 11:24-26 (NVI)

―――

Nuestros problemas presentes son bastante pequeños y no durarán mucho tiempo. ¡Sin embargo producen para nosotros una gloria inmensamente grande que durará para siempre!

2 Corintios 4:17 (BAD)

Si hemos de compartir su gloria, también debemos compartir su sufrimiento. Lo que sufrimos ahora no es nada comparado con la gloria que él nos dará después.

Romanos 8:17-18 (BAD)

Alégrense, salten de alegría, porque en el cielo obtendrán una gran recompensa.

Lucas 6:23 (PAR)

---

2. Para tratar con el sufrimiento como Jesús lo hizo, regocíjate y da gracias en medio de este.

Den gracias a Dios en toda situación, porque esta es la voluntad para ustedes en Cristo Jesús.

1 Tesalonicenses 5:18 (NVI)

Alégrense siempre en el Señor.

Filipenses 4:4 (NVI)

---

3. Para tratar con el sufrimiento como lo hizo Jesús, niégate a darte por vencido.

Dejen que el proceso continúe hasta que su paciencia se desarrolle totalmente, y encontrarán que se han vuelto como un hombre de carácter maduro ... sin debilidades.
Santiago 1:3-4 (PAR)

~~~

Ustedes necesitan mantenerse firmes, permaneciendo en el plan de Dios para poder estar allí cuando tenga lugar la plenitud prometida.
Hebreos 10:36 (PAR)

~~~

REFLEXIONES

_____

_____

_____

_____

_____

_____

_____

_____

_____

_____

_____

_____

_____

_____

_____

_____

_____

_____

Creciendo a través de la tentación

—— ✍ ——

Dichoso el hombre que no cede a hacer lo malo cuando es tentado, porque un día recibirá la corona de vida que Dios ha prometido a los que lo aman.

Santiago 1:12 (BAD)

—➤—

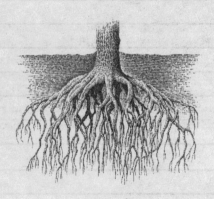

En el camino hacia la madurez espiritual, hasta la tentación llega a ser un escalón más que una piedra de tropiezo cuando comprendes que puede ser tanto una ocasión para hacer lo correcto como para hacer lo incorrecto. Cada vez que escoges hacer lo bueno en lugar de pecar, estás madurando en el carácter de Cristo.

Cuando el Espíritu Santo controla nuestras vidas, él producirá este tipo de fruto en nosotros: amor, alegría, paz, paciencia, benignidad, bondad, fidelidad, mansedumbre, y autocontrol.
Gálatas 5:22-23 (BAD)

Dios utiliza la situación opuesta de cada fruto para que tengamos la posibilidad de elegir. La integridad se construye derrotando la tentación a ser deshonestos; la humildad crece cuando nos negamos a ser orgullosos; y desarrollas la paciencia cada vez que rechazas la tentación de rendirte. ¡Cada vez que derrotas una tentación te pareces más a Jesús!

De la Biblia aprendemos que la tentación sigue un proceso de cuatro pasos. Todas las tentaciones siguen el mismo modelo. Por eso Pablo dijo:

No ignoramos sus artimañas.
2 Corintios 2:11 (NVI)

En el primer paso, Satanás identifica un deseo dentro de ti. La tentación siempre empieza en tu mente.

Porque de adentro, del corazón humano, salen los malos pensamientos, la inmoralidad sexual, los robos, los homicidios, los adulterios, la avaricia, la maldad, el engaño, el libertinaje, la envidia, la calumnia, la arrogancia y la necedad. Todos estos males vienen de adentro y contaminan a la persona.
Marcos 7:21-23 (BAD)

[Hay] un ejército de malos deseos dentro de nosotros.
Santiago 4:1 (BAD)

El segundo paso es la duda. Satanás trata de conseguir que dudes de lo que Dios ha dicho sobre el pecado.

¡Tengan cuidado! No permitan que los malos pensamientos o las dudas hagan que alguno de ustedes se aparte del Dios vivo.
Hebreos 3:12 (PAR)

El tercer paso es el engaño. Satanás es incapaz de decir la verdad. Satanás ofrece su mentira para reemplazar lo que Dios ya ha dicho en su Palabra.

Desde el principio éste [Satanás] ha sido un asesino, y no se mantiene en la verdad, porque no hay verdad en él. Cuando miente, expresa su propia naturaleza, porque es un mentiroso. ¡Es el padre de la mentira!

Juan 8:44 (NVI)

El cuarto paso es la desobediencia. Al final te comportarás de acuerdo con lo que estuviste maquinando en tu mente.

Cada uno es tentado cuando sus propios malos deseos lo arrastran y seducen. Luego, cuando el deseo ha concebido, engendra el pecado; y el pecado, una vez que ha sido consumado, da a luz la muerte. Mis queridos hermanos, no se engañen.

Santiago 1:14-16 (NVI)

Entender cómo opera la tentación ya es en sí mismo útil, pero hay pasos específicos que necesitas dar para vencerla.

1. Rehúsa ser intimidado. No es un pecado ser tentado. Jesús lo fue, sin embargo nunca pecó.

Ustedes no han sufrido ninguna tentación que no sea común al género humano.
1 Corintios 10:13 (BAD)

━━

No tenemos un sumo sacerdote incapaz de compadecerse de nuestras debilidades, sino uno que ha sido tentado en todo de la misma manera que nosotros, aunque sin pecado.
Hebreos 4:15 (NVI)

━━

2. Reconoce lo que te tienta y prepárate.

Manténganse en alerta. El diablo está en posición para saltar, y nada le gustaría más que encontrarlos tomando una siesta.

1 Pedro 5:8 (PAR)

Estén alertas y oren para que no caigan en tentación. El espíritu está dispuesto, pero el cuerpo es débil.

Mateo 26:41 (NVI)

No le den ninguna oportunidad al diablo.

Efesios 4:27 (PAR)

Pónganse toda la armadura de Dios para que puedan hacer frente a las artimañas del diablo.

Efesios 6:11 (NVI)

No debemos, pues, dormirnos como los demás,
sino mantenernos alerta y en nuestro sano juicio.
1 Tesalonicenses 5:6 (NVI)

Dispónganse para actuar con inteligencia;
tengan dominio propio; pongan su esperanza
completamente en la gracia que se les dará
cuando se revele Jesucristo.
1 Pedro 1:13 (NVI)

Planeen cuidadosamente lo que hacen ... Eviten el
mal y caminen directamente hacia adelante. No se
desvíen ni un paso del camino correcto.
Proverbios 4:26-27 (PAR)

El pueblo de Dios evita los caminos malos, y se
protege mirando por dónde va.
Proverbios 16:17 (PAR)

---

3. Pídele ayuda a Dios.

Llámame cuando estés angustiado; yo te libraré, y tú me honrarás.

Salmo 50:15 (PAR)

—◦—

Tengamos confianza y acerquémonos al trono de Dios, donde hay gracia. Allí recibiremos misericordia y hallaremos gracia para ayudarnos exactamente cuando la necesitamos.

Hebreos 4:16 (PAR)

—◦—

En lugar de ceder o rendirte, mira a Dios, espera que él te ayude, y recuerda la recompensa que te espera:

Dichoso el que resiste la tentación porque, al salir aprobado, recibirá la corona de la vida que Dios ha prometido a quienes lo aman.

Santiago 1:12 (NVI)

—◦—

REFLEXIONES

Cómo derrotar la tentación

Huye de las cosas que suelen provocar malos
pensamientos ... y apégate a lo que provoque en ti
el deseo de hacer el bien.

2 Timoteo 2:22 (BAD)

Pero recuerden esto: los malos deseos que les
hayan sobrevenido no son ni nuevos ni diferentes.
Muchísimos han pasado exactamente por las
mismas situaciones. Ninguna tentación es
irresistible. Pueden estar confiados en la fidelidad
de Dios, que no dejará que la tentación sea más
fuerte de lo que pueden resistir; Dios lo prometió y
jamás falta a su palabra. Ya verán que les muestra
la manera de escapar de la tentación para que
puedan resistirla con paciencia.

1 Corintios 10:13 (BAD)

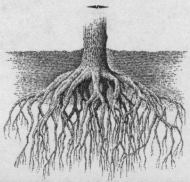

PROPÓSITO 3: Fuiste creado para ser como Cristo

Dios ha prometido que nunca permitirá que haya sobre ti más de lo que te pone dentro para vencer. Él no te permitirá ninguna tentación que no puedas superar. Sin embargo, también debes hacer tu parte practicando cuatro claves bíblicas para derrotar la tentación.

1. Vuelve a concentrar tu atención en algo diferente.

Guárdame de prestar atención a lo que no tiene valor.

Salmo 119:37 (PAR)

No te dejes vencer por el mal; al contrario, vence el mal con el bien.

Romanos 12:21 (NVI)

Hice un pacto con mis ojos para no mirar con lujuria a ninguna mujer joven.

Job 31:1 (BAD)

Siempre piensen en Jesucristo.
                    2 Timoteo 2:8 (PAR)

—◆—

Llenen sus mentes de las cosas que son buenas y que merecen alabanza: cosas que son verdaderas, nobles, correctas, puras, encantadoras, y honorables.
                    Filipenses 4:8 (PAR)

—◆—

Ten cuidado cómo piensas; tu vida está moldeada por tus pensamientos.
                    Proverbios 4:23 (PAR)

—◆—

Llevamos cautivo todo pensamiento y hacemos que se rinda y obedezca a Cristo.
                    2 Corintios 10:5 (PAR)

—◆—

Consideren a Jesús.
                    Hebreos 3:1 (NVI)

—◆—

2. Revela tu lucha a un amigo consagrado o a un grupo de apoyo.

Es mejor que tengas un amigo, a que estés completamente solo ... Si caes, tu amigo puede ayudarte. Pero si caes sin tener un amigo cercano, estás realmente en problemas.
Eclesiastés 4:9-10 (PAR)

~~~

Confiésense unos a otros sus pecados y oren unos por otros, para que sean sanados.
Santiago 5:16 (NVI)

~~~

Sí, se necesita humildad para reconocer nuestras debilidades ante otros, pero la misma falta de humildad es lo que nos impide mejorar.

[La Biblia dice:] Dios resiste a los soberbios, pero da gracia a los humildes. Así que humíllense delante de Dios.
Santiago 4:6-7 (BAD)

~~~

3. *Resiste al diablo.*

Resistan al diablo, y él huirá de ustedes.
Santiago 4:7 (NVI)

———

Que la salvación sea el casco que proteja su cabeza, y que la palabra de Dios sea la espada que les da el Espíritu Santo.
Efesios 6:17 (DHH)

———

4. *Percátate de tu vulnerabilidad*

Nada hay tan engañoso como el corazón. No tiene remedio.
Jeremías 17:9 (NVI)

———

No sean tan ingenuos ni tengan tanta confianza en sí mismos. Ustedes no están eximidos. Podrían tropezar y caer de plano tan fácilmente como cualquier otra persona. Olvídense de la confianza en sí mismos; es inútil. Cultiven la confianza en Dios.
1 Corintios 10:12 (PAR)

———

REFLEXIONES

_____

_____

_____

_____

_____

_____

_____

_____

_____

_____

_____

_____

_____

_____

_____

_____

_____

_____

Requiere tiempo

Todo tiene su momento oportuno; hay un tiempo
para todo lo que se hace bajo el cielo.
Eclesiastés 3:1 (NVI)

Estoy convencido de esto: el que comenzó tan
buena obra en ustedes la irá perfeccionando hasta
el día de Cristo Jesús.
Filipenses 1:6 (NVI)

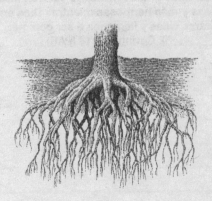

El discipulado es el proceso de conformarse a Cristo. La semejanza a Cristo es nuestro destino final, pero el viaje durará toda la vida. No hay atajos en el camino hacia la madurez.

Llegamos a la madurez verdadera, esa medida de desarrollo que se define como la plenitud de Cristo.

Efesios 4:13 (PAR)

Ustedes han empezado a vivir la vida nueva, en la cual están siendo renovados y están llegando a ser como el que los hizo.

Colosenses 3:10 (PAR)

Nuestras vidas gradualmente se vuelven más luminosas y más hermosas mientras Dios entra en nuestras vidas y llegamos a ser como él.

2 Corintios 3:18 (PAR)

Aunque Dios podría transformarnos en un instante, decidió desarrollarnos lentamente. ¿Por qué toma tanto tiempo cambiar y crecer?

Con respecto a la vida que antes llevaban, se les enseñó que debían quitarse el ropaje de la vieja naturaleza, la cual está corrompida por los deseos engañosos; ser renovados en la actitud de su mente; y ponerse el ropaje de la nueva naturaleza, creada a imagen de Dios, en verdadera justicia y santidad.

Efesios 4:22-24 (NVI)

<div align="center">~~~</div>

Pero ahora abandonen también todo esto: enojo, ira, malicia, calumnia y lenguaje obsceno. Dejen de mentirse unos a otros, ahora que se han quitado el ropaje de la vieja naturaleza con sus vicios, y se han puesto el de la nueva naturaleza, que se va renovando en conocimiento a imagen de su Creador.

Colosenses 3:8-10 (NVI)

<div align="center">~~~</div>

Practica estas cosas. Consagra tu vida a ellas para que todos puedan ver tu progreso.

1 Timoteo 4:15 (PAR)

<div align="center">~~~</div>

Mientras creces hacia la madurez espiritual, hay varias maneras de cooperar con Dios en el proceso.

1. *Cree que Dios está trabajando en tu vida aun cuando no lo sientas.*

Dios empezó el buen trabajo en ustedes, y estoy seguro de que lo irá perfeccionando hasta el día en que Jesucristo vuelva.

Filipenses 1:6 (BLS)

Todo sobre la tierra tiene su propio tiempo y su propia estación.

Eclesiastés 3:1 (PAR)

---

2. *Ten un cuaderno o diario para anotar las lecciones aprendidas.*

Es crucial que nos aferremos con firmeza a lo que hemos oído para que no nos extraviemos.

Hebreos 2:1 (PAR)

---

3. Sé paciente con Dios y contigo mismo.

No intenten salir de nada prematuramente. Dejen
que haga su trabajo para que ustedes lleguen a ser
maduros y bien desarrolados.
Santiago 1:4 (PAR)

———

Las cosas que planeo no ocurrirán inmediatamente.
Lentamente, con tranquilidad, pero con certeza,
se acerca el tiempo en que la visión se cumplirá.
Si parece muy lento, no desesperes, porque estas
cosas tendrán que ocurrir. Ten paciencia. No se
retrasarán ni un solo día.
Habacuc 2:3 (BAD)

———

El que comenzó tan buena obra en ustedes la irá
perfeccionando hasta el día de Cristo Jesús.
Filipenses 1:6 (NVI)

———

REFLEXIONES

_____

_____

_____

_____

_____

_____

_____

_____

_____

_____

_____

_____

_____

_____

_____

_____

_____

_____

REFLEXIONES

_____

_____

_____

_____

_____

_____

_____

_____

_____

_____

_____

_____

_____

_____

_____

_____

_____

_____

Propósito 4:

FUISTE FORMADO PARA
SERVIR A DIOS

———————— ❧ ————————

¿Qué somos? ... Nada más que servidores por
medio de los cuales ustedes llegaron a creer,
según lo que el Señor le asignó a cada uno.
Yo sembré, Apolos regó, pero Dios ha dado el
crecimiento.

1 Corintios 3:5-6 (PAR)

Acepta tu asignación

———— ✍ ————

Porque somos hechura de Dios, creados en Cristo Jesús para buenas obras, las cuales Dios dispuso de antemano a fin de que las pongamos en práctica.

Efesios 2:10 (NVI)

————

Yo te he glorificado en la tierra, y he llevado a cabo la obra que me encomendaste.

Juan 17:4 (NVI)

————

Fuiste creado para servir a Dios. Fuiste puesto en la tierra para aportar algo.

Dios nos creó para una vida de obras buenas, las cuales ha preparado para nosotros.
Efesios 2:10 (PAR)

Sirvan de buena gana, como quien sirve al Señor y no a los hombres, sabiendo que el Señor recompensará a cada uno por el bien que haya hecho, sea esclavo o sea libre.
Efesios 6:7-8 (NVI)

Antes de formarte en el vientre, ya te había elegido; antes de que nacieras, ya te había apartado; te había nombrado profeta para las naciones.
Jeremías 1:5 (NVI)

Fuiste salvado para servir a Dios. Tú no eres salvo por buenas obras, sino para hacer buenas obras.

Él es quién nos salvó y escogió para su obra santa, no porque lo merecíamos sino porque estaba en su plan.

2 Timoteo 1:9 (BAD)

Fueron comprados por un precio. Por tanto, honren con su cuerpo a Dios.

1 Corintios 6:20 (NVI)

Tomando en cuenta la misericordia de Dios ... ofrezcan sus vidas como sacrificio vivo, dedicado a su servicio.

Romanos 12:1 (PAR)

Nosotros sabemos que hemos pasado de la muerte a la vida porque amamos a nuestros hermanos.

1 Juan 3:14 (NVI)

Cuando la suegra de Pedro enfermó y fue sanada por el Señor, instantáneamente «se levantó y comenzó a servirle», usando el nuevo don de la salud que había recibido. Esto es lo que nosotros debemos hacer. Fuimos sanados para ayudar a otros (1 Corintios 12:29-30).

Fuiste llamado a servir a Dios. Cualquiera que sea tu trabajo o carrera, estás llamado al servicio cristiano a tiempo completo.

Porque a los que Dios conoció de antemano, también los predestinó a ser transformados según la imagen de su Hijo, para que él sea el primogénito entre muchos hermanos. A los que predestinó, también los llamó; a los que llamó, también los justificó; y a los que justificó, también los glorificó.

Romanos 8:29-30 (NVI)

Él nos salvó y nos llamó a ser su pueblo, no por lo que hemos hecho sino según su propósito.

2 Timoteo 1:9 (PAR)

Fueron escogidos para hablar de las excelentes cualidades de Dios, quien los llamó.

1 Pedro 2:9 (PAR)

Ahora perteneces a él ... de manera que puedas ser usado para el servicio de Dios.

Romanos 7:4 (PAR)

Todos ustedes juntos [la iglesia] son el cuerpo de Cristo, y cada uno de ustedes es una parte necesaria y separada de éste.

1 Corintios 12:27 (BAD)

Se te manda servir a Dios. Jesús vino a «servir» y «dar», y esos dos verbos también pueden definir tu vida en la tierra.

Tu actitud debe ser igual a la mía, porque yo, el Mesías, no vine a ser servido sino a servir y a dar mi vida.

Mateo 20:28 (BAD)

Un día Dios comparará cuánto tiempo y energía gastamos en nosotros mismos comparado con lo que invertimos en servir a otros.

Cada uno de nosotros tendrá que dar cuenta personalmente a Dios.

Romanos 14:12 (BAD)

Si insistes en salvar tu vida, la perderás. Sólo aquellos que dan sus vidas por mi causa y por la causa de las buenas nuevas siempre conocerán lo que esto significa en la vida realmente.

Marcos 8:35 (BAD)

Él derramará su furia y su ira en aquellos que viven para sí mismos.

Romanos 2:8 (PAR)

El servicio es el camino a la significación real. Es a través del ministerio que descubrimos el significado de nuestras vidas.

Cada uno de nosotros encuentra su función y significado como parte de su cuerpo.

Romanos 12:5 (PAR)

Quiero que pienses en cómo todo esto te hace más significativo, no menos ... porque tú eres una parte.

1 Corintios 12:14,19 (PAR)

Nosotros somos creación de Dios. Por nuestra unión con Jesucristo, nos creó para que vivamos haciendo el bien, lo cual Dios ya había planeado desde antes.

Efesios 2:10 (BLS)

REFLEXIONES

_____

_____

_____

_____

_____

_____

_____

_____

_____

_____

_____

_____

_____

_____

_____

_____

_____

_____

Formado para servir a Dios

—— ✍ ——

Me hiciste con tus propias manos; tú me diste forma.

Job 10:8 (NVI)

—✍—

El pueblo que yo me he formado contará mis alabanzas.

Isaías 43:21 (PAR)

—✍—

Dios formó a cada criatura de este planeta con un área especial de habilidades. Eres de la manera que eres porque fuiste hecho para un ministerio específico.

Tú hiciste todo lo delicado, las partes interiores de mi cuerpo y las uniste en el vientre de mi madre. ¡Gracias por hacerme maravillosamente complejo! Tu hechura es prodigiosa.

Salmo 139:13-14 (BAD)

~~

Cada día de mi vida fue grabado en tu libro. Cada momento fue organizado antes de que el día pasara.

Salmo 139:16 (BAD)

~~

Porque somos hechura de Dios, creados en Cristo Jesús para buenas obras.

Efesios 2:10 (NVI)

~~

Siempre que Dios nos da una asignación, nos equipa con lo que necesitamos para cumplirla. A esta combinación de aptitudes se le llama moldear o dar FORMA:

Formación espiritual

Oportunidades para el corazón

Recursos para usar

Mi personalidad

Antecedentes

Formación Espiritual: Son habilidades especiales dadas por Dios solo a los creyentes para servirle.

El que no tiene el Espíritu no acepta lo que procede del Espíritu de Dios.
                    1 Corintios 2:14 (PAR)

Porque de la manera que en un cuerpo tenemos muchos miembros, pero no todos los miembros tienen la misma función, así nosotros, siendo muchos, somos un cuerpo en Cristo, y todos miembros los unos de los otros. De manera que, teniendo diferentes dones, según la gracia que nos es dada, si el de profecía, úsese conforme a la medida de la fe; o si de servicio, en servir; o el que enseña, en la enseñanza; el que exhorta, en la exhortación; el que reparte, con liberalidad; el que preside, con solicitud; el que hace misericordia, con alegría.
                    Romanos 12:4-8 (NVI)

Y él mismo constituyó a unos, apóstoles; a otros, profetas; a otros, evangelistas; a otros, pastores y maestros, a fin de perfeccionar a los santos para la obra del ministerio, para la edificación del cuerpo de Cristo.
                    Efesios 4:11-12 (NVI)

Cada uno tiene su propio don de Dios, uno a la verdad de un modo, y otro de otro.

1 Corintios 7:7 (NVI)

Cristo ha repartido generosamente sus dones en nosotros.

Efesios 4:7 (PAR)

Todo esto lo hace un mismo y único Espíritu, quien reparte a cada uno según él lo determina.

1 Corintios 12:11 (BAD)

A cada uno se le da una manifestación especial del Espíritu para el bien de los demás.

1 Corintios 12:7 (NVI)

Hay diversas maneras de servir, pero un mismo Señor.

1 Corintios 12:5 (NVI)

Oportunidades para el corazón: Tu corazón es la fuente de todas tus motivaciones, lo que amas hacer y lo que más te interesa. Otra palabra que tiene que ver con el corazón es pasión. No ignores tus intereses. Considera cómo podrías usarlos para la gloria de Dios. Debe haber una razón por la que te agrada hacer esas cosas.

En el agua se refleja el rostro, y en el corazón se refleja la persona.

Proverbios 27:19 (BAD)

—⁓—

No se aparten del Señor; más bien, sírvanle de todo corazón.

1 Samuel 12:20 (NVI)

—⁓—

Por sobre todas las cosas cuida tu corazón, porque de él mana la vida.

Proverbios 4:23 (NVI)

—⁓—

Una vida simple en el temor de Dios es mejor que una vida rica con una tonelada de dolores de cabeza.

Proverbios 15:16 (PAR)

—⁓—

REFLEXIONES

_____

_____

_____

_____

_____

_____

_____

_____

_____

_____

_____

_____

_____

_____

_____

_____

_____

_____

Entiende tu FORMA

Tú creaste mis entrañas; me formaste en el vientre
de mi madre.

Salmos 139:13 (NVI)

Recursos para usar: Tus recursos son los talentos naturales con los que naciste.

Todos nuestros recursos provienen de Dios.

Dios nos ha dado a cada uno de nosotros la habilidad de hacer bien ciertas cosas.
Romanos 12:6 (BAD)

––◦––

Cada recurso puede usarse para la gloria de Dios.

Cualquier cosa que hagas, hazlo todo para la gloria de Dios.
1 Corintios 10:31 (NVI)

––◦––

Hay diferentes tipos de dones espirituales ... diferentes maneras de servicios ... diferentes habilidades para hacer el servicio.
1 Corintios 12:4-6 (PAR)

––◦––

Recuerden al Señor su Dios, porque él es quien les da la habilidad de producir riquezas.
Deuteronomio 8:18 (NVI)

––◦––

Lo he llenado [al artesano del templo] del Espíritu de Dios, de sabiduría, inteligencia y capacidad creativa para hacer trabajos artísticos en oro, plata y bronce, para cortar y engastar piedras preciosas, para hacer tallados en madera y para realizar toda clase de artesanías.
Éxodo 31:3-5 (NVI)

––◦––

Lo que eres capaz de hacer, eso es lo que Dios quiere que hagas. Nadie puede desempeñar tu papel, porque nadie más tiene la forma única que Dios te ha dado.

Dios les ha dado a cada uno de ustedes algunas habilidades especiales; asegúrense de usarlas para ayudarse cada uno, compartiendo con otros los muchos tipos de bendiciones de parte de Dios.
1 Pedro 4:10 (BAD)

—◈—

[Dios te equipó] con todo lo que necesitas para hacer su voluntad.
Hebreos 13:21 (BAD)

—◈—

Mi personalidad: Dios nos creó a cada uno con una combinación única de atributos personales. No hay temperamentos «correctos» o «equivocados» en el ministerio. Necesitamos todo tipo de personalidades para tener un balance en la iglesia y darle sabor.

Dios obra a través de personas diferentes en maneras diferentes, pero es el mismo Dios quien cumple su propósito a través de todos ellos.
1 Corintios 12:6 (PAR)

—◈—

Antecedentes: Tú has sido formado por tus antecedentes en la vida, tus experiencias, la mayoría de las cuales estuvo fuera de tu control. Dios permitió todas ellas con el propósito de moldearte.

Él nos consuela en todos nuestros problemas de manera que podamos consolar a otros. Cuando otros están en problemas, debemos estar dispuestos a darles a ellos el mismo consuelo que Dios nos ha dado.

2 Corintios 1:4 (BAD)

Pablo entendió esta verdad, de manera que fue sincero acerca de su contienda con la depresión. Él admitió:

Él nos mantendrá firmes hasta el fin, para que sean irreprochables en el día de nuestro Señor Jesucristo. Fiel es Dios, quien los ha llamado a tener comunión con su Hijo Jesucristo, nuestro Señor. Les suplico, hermanos, en el nombre de nuestro Señor Jesucristo, que todos vivan en armonía y que no haya divisiones entre ustedes, sino que se mantengan unidos en un mismo pensar y en un mismo propósito.

2 Corintios 1:8-10 (NVI)

REFLEXIONES

_____

_____

_____

_____

_____

_____

_____

_____

_____

_____

_____

_____

_____

_____

_____

_____

_____

_____

_____

Usa lo que Dios te ha dado

Por cuanto nosotros mismos hemos sido moldeados
en todas estas partes, excelentemente formadas
y operando maravillosamente, en el cuerpo de
Cristo, sigamos adelante y seamos aquello para lo
que fuimos creados.
Romanos 12:5 (PAR)

Descubre tu forma. Comienza evaluando tus dones y recursos.

No actúes desconsideradamente, sino trata de encontrar y hacer lo que sea que el Señor quiere que hagas.

Efesios 5:17 (BAD)

Trata de tener un estimado sano de tus capacidades.

Romanos 12:3 (PAR)

Considera las oportunidades y la personalidad.

Haz una exploración cuidadosa de quién eres y el trabajo que estás haciendo para que entonces te sumerjas en él.

Gálatas 6:4 (PAR)

Examina tus antecedentes y extrae las lecciones que aprendiste.

Recuerden hoy lo que han aprendido acerca del Señor a través de sus experiencias con él.

Deuteronomio 11:2 (PAR)

Cuando Jesús le lavó los pies a Pedro, le dijo:

Tú no sabes ahora lo que estoy haciendo, pero después lo entenderás.
Juan 13:7 (NVI)

Solo al mirar retrospectivamente entendemos cómo Dios usa los problemas para bien.

¿Fueron todas sus experiencias desaprovechadas? ¡Espero que no!
Gálatas 3:4 (PAR)

Dado que Dios conoce lo que es mejor para ti, deberías aceptar con gratitud cómo te hizo.

¿Qué derechos tienes tú, un ser humano, para interrogar a Dios? La vasija no tiene derecho de decirle al alfarero: «¿Por qué me hiciste de esta forma?» ¡Sin duda el alfarero puede hacer lo que quiera con la arcilla!
Romanos 9:20-21 (PAR)

Cristo nos ha dado a cada uno de nosotros habilidades especiales, lo que él quiere que tengamos de su bodega rica en dones.
Efesios 4:7 (PAR)

Parte de aceptar tu forma es reconocer tus limitaciones. Dios asigna a cada uno un área o campo de acción para el servicio.

Nuestra meta es estar dentro de los límites del plan de Dios para nosotros.
2 Corintios 10:13 (BAD)

[Debemos] correr con paciencia la carrera particular que Dios ha puesto delante de nosotros.
Hebreos 12:1 (BAD)

Esfuérzate por presentarte a Dios aprobado, como obrero que no tiene de qué avergonzarse y que interpreta rectamente la palabra de verdad.
2 Timoteo 2:15 (NVI)

Asegúrate de hacer lo que debes, porque después disfrutarás la satisfacción personal de haber hecho tu trabajo bien, y no necesitas compararte con cualquier otro.
Gálatas 6:4 (BAD)

Nosotros no nos atrevamos a igualarnos ni a compararnos con algunos que se recomiendan a sí mismos. Al medirse con su propia medida y compararse unos con otros, no saben lo que hacen.
2 Corintios 10:12 (NVI)

En todas estas comparaciones, calificaciones y competencias, ellos pierden completamente el punto.
2 Corintios 10:12 (PAR)

Mantente desarrollando tu forma. Debemos cultivar nuestros dones y habilidades, manteniendo nuestros corazones ardientes, creciendo en nuestro carácter y personalidad, ampliando nuestras experiencias de manera que cada vez seamos más eficaces en nuestro servicio.

Que el amor de ustedes abunde cada vez más en conocimiento y en buen juicio.
Filipenses 1:9 (BAD)

Haz tu propio trabajo bien, para que entonces tengas de qué estar orgulloso. Pero no te compares con otros.
Gálatas 6:4 (PAR)

Te recuerdo que avives el fuego del don de Dios que hay en ti por la imposición de mis manos.
2 Timoteo 1:6 (LBLA)

Asegúrate de usar las habilidades que Dios te ha dado ... Ponlas a trabajar.

1 Timoteo 4:14-15 (BAD)

━━◆◆◆━━

En la parábola de Jesús sobre los talentos, refiriéndose al siervo que fracasó al usar su único talento, el dueño dijo:

Quítenle las mil monedas y dénselas al que tiene las diez mil.

Mateo 25:28 (NVI)

━━◆◆◆━━

Si no usas lo que se te ha dado, lo perderás.

Concéntrate en hacer lo mejor para Dios, trabajo del cual no te avergonzarás.

2 Timoteo 2:15 (PAR)

━━◆◆◆━━

Ellos hacen esto por una medalla de oro que se deslustra y palidece. Tú vas detrás de una que es de oro eterno.

1 Corintios 9:25 (PAR)

━━◆◆◆━━

REFLEXIONES

_____

_____

_____

_____

_____

_____

_____

_____

_____

_____

_____

_____

_____

_____

_____

_____

_____

_____

_____

Cómo actúan los verdaderos siervos

—— ❧ ——

Quien quiera ser grande deberá convertirse en un siervo.

Marcos 10:43 (PAR)

—◦—

Pueden decir qué ellos son por lo que hacen.
Mateo 7:16 (PAR)

—◦—

Servimos a Dios sirviendo a los demás. ¿Cómo puedo saber si tengo un corazón de siervo?

Los siervos verdaderos siempre están disponibles para servir.

Ningún soldado en servicio activo se enreda en los asuntos de la vida civil, porque tiene que agradar a su superior.

2 Timoteo 2:4 (DHH)

Si piensas que eres demasiado importante para ayudar a alguien en necesidad, te engañas a ti mismo. Realmente no eres nadie.

Gálatas 6:3 (BAD)

Ser un siervo significa darle a Dios el derecho de controlar tu horario y permitirle que lo interrumpa en cualquier momento que lo necesite.

Los siervos verdaderos prestan atención a las necesidades.

En cualquier oportunidad que tengamos, debemos hacer lo que es bueno para todos, especialmente para la familia de los creyentes.
Gálatas 6:10 (PAR)

―◆―

Nunca les digas a tus vecinos que esperen hasta mañana si puedes ayudarlos ahora.
Proverbios 3:28 (PAR)

―◆―

Los siervos verdaderos hacen lo mejor con lo que tienen.

Si esperas por condiciones perfectas, nunca lograrás nada.
Eclesiastés 11:4 (PAR)

―◆―

Los siervos verdaderos cumplen sus tareas con la misma dedicación.

Ustedes me llaman Maestro y Señor, y dicen bien, porque lo soy. Pues si yo, el Señor y el Maestro, les he lavado los pies, también ustedes deben lavarse los pies los unos a los otros. Les he puesto el ejemplo, para que hagan lo mismo que yo he hecho con ustedes. Ciertamente les aseguro que ningún siervo es más que su amo, y ningún mensajero es más que el que lo envió. ¿Entienden esto? Dichosos serán si lo ponen en práctica.
Juan 13:13-17 (NVI)

El que es honrado en lo poco, también lo será en lo mucho; y el que no es íntegro en lo poco, tampoco lo será en lo mucho.
Lucas 16:10 (NVI)

Los siervos verdaderos son fieles a su ministerio.

Imagínate lo que sentirás cuando él te diga:

¡Hiciste bien, siervo bueno y fiel! En lo poco has
sido fiel; te pondré a cargo de mucho más. ¡Ven a
compartir la felicidad de tu Señor!
Mateo 25:23 (NVI)

Los siervos verdaderos mantienen un bajo perfil.

Pónganse el delantal de humildad para servirse
unos a otros.
1 Pedro 5:5 (PAR)

Cuando hagas buenas obras, no trates de
vanagloriarte. Si lo haces, no recibirás recompensa
de tu Padre en el cielo.
Mateo 6:1 (NVI)

Si yo buscara agradar a otros, no sería siervo de
Cristo.
Gálatas 1:10 (NVI)

Cuando Cristo ... venga otra vez a la tierra, tú
vendrás también, el yo real, el yo glorioso.
Mientras tanto, sé feliz en no ser reconocido.
Colosenses 3:4 (PAR)

~~~

Entréguense al trabajo de su Señor, confiados que
nada de lo que hagan para él es un tiempo o
esfuerzo perdido.
1 Corintios 15:58 (PAR)

~~~

Y cualquiera que le da siquiera un vaso de agua
fresca a uno de estos pequeños por ser seguidor
mío, les aseguro que tendrá su premio.
Mateo 10:42 (DHH)

~~~

INSPIRACIÓN DIARIA PARA UNA VIDA CON PROPÓSITO

REFLEXIONES

_____

_____

_____

_____

_____

_____

_____

_____

_____

_____

_____

_____

_____

_____

_____

_____

_____

_____

Mentalidad de siervo

— ❧ —

La actitud de ustedes debe ser como la de Cristo Jesús.
                    Filipenses 2:5 (NVI)

—◆—

Mi siervo Caleb ... ha mostrado una actitud diferente y me ha sido fiel.
                    Números 14:24 (NVI)

—◆—

Los siervos piensan más en otros que en sí mismos. Solo cuando nos olvidamos de nosotros mismos podemos hacer cosas que merecen ser recordadas.

Olvídense de ustedes mismos lo suficiente para que extiendan una mano ayudadora.
Filipenses 2:4 (PAR)

[Jesús] se despojó a sí mismo tomando forma de siervo.
Filipenses 2:7 (PAR)

Si alguien toma ventajas injustas sobre ti, usa la ocasión para practicar la vida de siervo.
Mateo 5:41 (PAR)

Los siervos piensan como mayordomos, no como dueños. Recuerdan que todo le pertenece a Dios.

La única cosa que se requiere para ser tales siervos es que sean fieles a su señor.
1 Corintios 4:2 (PAR)

~

Ningún sirviente puede servir a dos patrones ... no pueden servir a la vez a Dios y a las riquezas.
Lucas 16:13 (NVI)

~

Si ustedes no han sido honrados en el uso de las riquezas mundanas ¿quién les confiará las verdaderas?
Lucas 16:11 (NVI)

~

Hizo lo correcto ante los ojos del Señor, aunque no de todo corazón.
2 Crónicas 25:2 (PAR)

~

Los siervos piensan en su trabajo, no en lo que otros hacen. No comparan, critican, ni compiten con otros siervos o ministerios. Están muy ocupados haciendo el trabajo que Dios les asignó.

No se comparen unos con otros, como si uno de ustedes fuera mejor o peor que el otro. Tenemos mejores cosas que hacer en nuestras vidas. Cada uno de ustedes es un original.
Gálatas 5:26 (PAR)

—◆—

[Nehemías dijo a aquellos que trataban de distraerlo de los trabajos de reconstrucción del templo:] Estoy ocupado ... Si bajara a reunirme con ustedes la obra se vería interrumpida.
Nehemías 6:3 (PAR)

—◆—

¿Quién eres tú para criticar al siervo de otro? El Señor decidirá si su siervo ha hecho lo correcto.
Romanos 14:4 (PAR)

—◆—

En Betania, mientras estaba él sentado a la mesa en casa de Simón llamado el leproso, llegó una mujer con un frasco de alabastro lleno de un perfume muy costoso, hecho de nardo puro. Rompió el frasco y derramó el perfume sobre la cabeza de Jesús. Algunos de los presentes comentaban indignados:
—¿Para qué este desperdicio de perfume? Podía haberse vendido por muchísimo dinero para darlo a los pobres.

PROPÓSITO 4: Fuiste formado para servir a Dios

Y la reprendían con severidad.

—Déjenla en paz —dijo Jesús—. ¿Por qué la molestan? Ella ha hecho una obra hermosa conmigo. A los pobres siempre los tendrán con ustedes, y podrán ayudarlos cuando quieran; pero a mí no me van a tener siempre. Ella hizo lo que pudo. Ungió mi cuerpo de antemano, preparándolo para la sepultura. Les aseguro que en cualquier parte del mundo donde se predique el evangelio, se contará también, en memoria de esta mujer, lo que ella hizo.

Marcos 14:3-9 (NVI)

━━━

Los siervos basan su identidad en Cristo. Dado que ellos recuerdan que fueron amados y aceptados por gracia, los siervos no tienen que probar su mérito. Lavar los pies era un trabajo equivalente al que realiza hoy un lustrador de calzado, un trabajo sin prestigio. Sin embargo, Jesús sabía quién era él, de manera que la tarea no amenazaba su propia imagen.

Sabía Jesús que el Padre había puesto todas las cosas bajo su dominio, y que había salido de Dios y a él volvía; así que se levantó de la mesa, se quitó el manto y se ató una toalla a la cintura. Luego echó agua en un recipiente y comenzó a lavarles los pies a sus discípulos y a secárselos con la toalla que llevaba a la cintura.

Juan 13:3-5 (NVI)

━━━

Porque no es aprobado el que se recomienda a sí
mismo sino aquel a quien recomienda el Señor.
                    2 Corintios 10:18 (PAR)

Santiago tuvo las credenciales de crecer con
Jesús como su hermano. Sin embargo, en la
introducción de su carta, simplemente se refiere
a sí mismo como:

Siervo de Dios y del Señor Jesucristo.
                    Santiago 1:1 (NVI)

Los siervos piensan en el ministerio como una
oportunidad, no como obligación.

Sirven al Señor con regocijo.
                    Salmo 100:2 (NVI)

A quien me sirva, mi Padre lo honrará.
                    Juan 12:26 (PAR)

Porque Dios no es injusto como para olvidarse de
las obras y del amor que, para su gloria, ustedes
han mostrado sirviendo a los santos, como lo
siguen haciendo.
                    Hebreos 6:10 (NVI)

REFLEXIONES

_____

_____

_____

_____

_____

_____

_____

_____

_____

_____

_____

_____

_____

_____

_____

_____

_____

_____

_____

_____

El poder de Dios en tu debilidad

—— ✦ ——

Participamos de su debilidad, pero por el poder de Dios viviremos con Cristo para servirlos a ustedes.
2 Corintios 13:4 (NVI)

—— ⚬ ——

Yo estoy contigo; eso es todo lo que necesitas. Mi poder se muestra mejor en los débiles.
2 Corintios 12:9 (BAD)

—— ⚬ ——

A Dios le encanta usar a los débiles. Solemos negar nuestras debilidades, las defendemos, las excusamos, las ocultamos y las resentimos. Eso le impide a Dios usarlas de la manera que desea hacerlo. Dios tiene una perspectiva diferente de tus debilidades.

Mis pensamientos y mis caminos son más altos que los tuyos.

Isaías 55:9 (PAR)

～

Dios escogió lo débil ... del mundo para avergonzar a los poderosos.

1 Corintios 1:27 (PAR)

～

Pero tenemos este tesoro en vasijas de barro para que se vea que tan sublime poder viene de Dios y no de nosotros.

2 Corintios 4:7 (NVI)

～

Dios nos usará si le permitimos trabajar por medio de nuestras debilidades.

1. *Admite tus debilidades.*

Pedro le dijo a Jesús:

Tú eres el Cristo, el Hijo del Dios viviente.
Mateo 16:16 (NVI)

—◦◦◦—

Pablo le dijo a la multitud idólatra:

Sólo somos seres humanos iguales a ustedes.
Hechos 14:15 (PAR)

—◦◦◦—

Si quieres que Dios te use, debes conocer quién es Dios y quién eres tú.

2. *Alégrate con tus debilidades.*

Por eso, prefiero sentirme orgulloso de mi debilidad, para que el poder de Cristo se muestre en mí. Me alegro de ser débil, de ser insultado y perseguido, y de tener necesidades y dificultades por ser fiel a Cristo. Pues lo que me hace fuerte es reconocer que soy débil.

2 Corintios 12:9-10 (BLS)

Por eso me regocijo en debilidades, insultos, privaciones, persecuciones y dificultades que sufro por Cristo; porque cuando soy débil, entonces soy fuerte.

2 Corintios 12:10 (NVI)

Para evitar que me volviera presumido por estas sublimes revelaciones, una espina me fue clavada en el cuerpo ... para que me atormentara.

2 Corintios 12:7 (PAR)

Yo estoy feliz plenamente con «mi aguijón» ... porque cuando soy débil, entonces soy fuerte.

2 Corintios 12:10 (PAR)

El gran misionero Hudson Taylor declaró:
«Todos los gigantes de Dios fueron personas
débiles».

- La debilidad de Moisés era su temperamento.
  No obstante, Dios transformó a Moisés en
  «el hombre más humilde de la tierra»
  (Números 12:3, NVI).
- La debilidad de Gedeón era su baja autoestima
  y una inseguridad profunda, sin embargo,
  Dios lo transformó en «un hombre poderoso
  y de valor» (Jueces 6:12, NVI).
- No una, sino dos veces, para protegerse,
  Abraham dijo que su esposa era su hermana.
  No obstante, Dios transformó a Abraham en
  «el padre de todos los que creen»
  (Romanos 4:11, BAD).
- Impulsivo, de voluntad débil, Pedro se
  convirtió en «una roca» (Mateo 16:18, PAR).
- David el adúltero se convirtió en «un hombre
  conforme al corazón de Dios»
  (Hechos 13:22, PAR)
- Dios se especializa en convertir las debilidades
  en fortalezas.
- La lista puede seguir y seguir. «Tomaría
  mucho tiempo recontar las historias de la fe
  de ... Barac, Sansón, Jefté, David, Samuel, y
  todos los profetas ... sus debilidades se
  tornaron en fuerzas» (Hebreos 11:32-34,BAD).

3. *Comparte sinceramente tus debilidades.*

Pablo mostró su vulnerabilidad en todas sus cartas. Expresó con sinceridad sus fallas, sus sentimientos, sus frustraciones y sus temores.

Cuando quiero hacer lo bueno, no lo hago, y cuando trato de no hacer lo malo, eso hago.
Romanos 7:19 (BAD)

Yo te dije todos mis sentimientos.
2 Corintios 6:11 (BAD)

Fuimos realmente agobiados, abrumados, y temimos que nunca podríamos volver a vivir a través de esto.
2 Corintios 1:8 (BAD)

Cuando yo vine a ti, estaba débil, temeroso y estremecido.
1 Corintios 2:3 (NVI)

La vulnerabilidad es un riesgo. Pero los beneficios valen la pena.

Dios resiste a los orgullosos, pero da gracia a los humildes.
Santiago 4:6 (NVI)

4. Gloríate en tus debilidades. En vez de mostrarte autosuficiente e insuperable, obsérvate a ti mismo como un trofeo de gracia.

De mí no haré alarde, sino de mis debilidades.
2 Corintios 12:5 (BAD)

—◆—

En nuestra debilidad el Espíritu acude a ayudarnos.
Romanos 8:26 (NVI)

—◆—

[Jesús] entiende cada debilidad nuestra.
Hebreos 4:1 (PAR)

—◆—

Él me dijo: «Te basta con mi gracia, pues mi poder se perfecciona en la debilidad».
2 Corintios 12:9 (NVI)

—◆—

REFLEXIONES

Propósito 5:

FUISTE HECHO PARA UNA MISIÓN

———————— ⟋❦⟍ ————————

El fruto de la justicia es árbol de vida, y el que gana almas es sabio.
Proverbios 11:30 (PAR)

—▬—

Hecho para una misión

—— 🙠 ——

Así como me diste una misión en el mundo,
también yo se las di a ellos.
Juan 17:18 (PAR)

—

Lo más importante es que culmine mi misión, la
obra que el Señor me encomendó.
Hechos 20:24 (PAR)

—

INSPIRACIÓN DIARIA PARA UNA VIDA CON PROPÓSITO

Jesús entendió de forma clara su vida misionera en la tierra. A la edad de doce años dijo:

Debo estar en los negocios de mi Padre.
Lucas 2:49 (NVI)

—~—

Veintiún años más tarde, muriendo en la cruz, dijo:

Consumado es.
Juan 19:30 (NVI)

—~—

Dios está trabajando en el mundo, y quiere que te unas a él. Ser cristiano implica ser enviado como un representante de Jesucristo.

[Jesús dijo:] Como el Padre me envió a mí, así yo los envío a ustedes.
Juan 20:21 (NVI)

—~—

Dios nos ha dado el privilegio de motivar a cada uno a venir hacia su favor y ser reconciliados en él.
2 Corintios 5:18 (BAD)

—~—

Somos representantes de Cristo.
2 Corintios 5:20 (PAR)

—~—

Tu misión es una continuación de la misión de Jesús en la tierra. Como sus seguidores, debemos continuar lo que él comenzó.

Ustedes vayan y hagan más discípulos míos en todos los países de la tierra. Bautícenlos en el nombre del Padre, del Hijo y del Espíritu Santo. Enséñenles a obedecer todo lo que yo les he enseñado. Yo estaré siempre con ustedes hasta el fin del mundo.

Mateo 28:19-20 (BLS)

Si tú no le hablas al malvado ni le haces ver su mala conducta, para que siga viviendo, ese malvado morirá por causa de su pecado, pero yo te pediré cuentas de su muerte.

Ezequiel 3:18 (PAR)

Quizás tú eres el único cristiano que algunas personas conozcan y tu misión es hablarles de Jesús.

Tu misión es un privilegio maravilloso. Aunque es una gran responsabilidad también es un honor increíble ser usado por Dios.

Dios nos ha dado el privilegio de motivar a cada uno a venir hacia su favor y ser reconciliados en él.

2 Corintios 5:18 (BAD)

Estamos trabajando juntos con Dios.

2 Corintios 6:1 (PAR)

Así que somos embajadores de Cristo, como si Dios los exhortara a ustedes por medio de nosotros: «En nombre de Cristo les rogamos que se reconcilien con Dios».

2 Corintios 5:20 (NVI)

Decirle a otros cómo pueden obtener la vida eterna es lo mejor que puedes hacer por ellos. Todos necesitamos a Jesús.

Jesús es el único que puede salvar a las personas.
Hechos 4:12 (PAR)

Tu misión tiene un significado eterno. Ninguna otra cosa podrás hacer que importe tanto como ayudar a las personas a establecer una relación con Dios.

Mientras sea de día, tenemos que llevar a cabo la obra del que me envió. Viene la noche cuando nadie puede trabajar.
Juan 9:4 (NVI)

Tu misión da significado a tu vida.

Considero que mi vida carece de valor para mí mismo, con tal de que termine mi carrera y lleve a cabo el servicio que me ha encomendado el Señor Jesús, que es el de dar testimonio del evangelio de la gracia de Dios.
Hechos 20:24 (NVI)

La conclusión del tiempo de Dios en la historia está vinculada con la terminación de nuestra comisión. Lo que hay que saber es que Jesús no vendrá hasta que cada una de las personas que Dios quiere que oigan las buenas nuevas las hayan oído.

Nadie conoce el día y la hora, ni aun los ángeles en el cielo, ni el Hijo sino sólo el Padre.
Mateo 24:36 (NVI)

—~—

No les toca a ustedes conocer la hora ni el momento determinados por la autoridad misma del Padre. Pero cuando venga el Espíritu Santo sobre ustedes, recibirán poder y serán mis testigos tanto en Jerusalén como en toda Judea y Samaria, y hasta los confines de la tierra.
Hechos 1:7-8 (NVI)

—~—

Las buenas nuevas acerca del reino de Dios serán predicadas en todo el mundo, a cada nación. Entonces el fin vendrá.
Mateo 24:14 (PAR)

—~—

Para cumplir tu misión debes abandonar tus planes y aceptar los de Dios para tu vida. No sólo puedes «añadirlas» a todas las cosas que te gusta hacer con tu vida, debes decir como Jesús: «Padre ... Yo quiero tu voluntad, no la mía» (Lucas 22:42, PAR).

Nadie que mire atrás después de poner la mano en el arado es apto para el reino de Dios.
Lucas 9:62 (NVI)

Ofrézcanse completamente a Dios, cada parte de ustedes ... para que sean herramientas en las manos de Dios, y sean usados para sus buenos propósitos.
Romanos 6:13 (BAD)

[Dios] te dará todo lo que necesitas día a día si vives para él y haces del reino de Dios tu interés primordial.
Mateo 6:33 (BAD)

Si quieres ser usado por Dios, debe interesarte lo que ha Dios le interesa, y lo que a él más le importa es la redención de las personas que hizo. ¡Él quiere hallar a sus hijos perdidos!

REFLEXIONES

_____

_____

_____

_____

_____

_____

_____

_____

_____

_____

_____

_____

_____

_____

_____

_____

_____

_____

Comparte el mensaje de tu vida

—— ✏ ——

**Quienes creen en el Hijo de Dios, tienen el
testimonio de Dios en ellos.**
1 Juan 5:10 (PAR)

—

Dios te ha dado un mensaje de vida para compartir. Él quiere hablarle al mundo por medio de ti.

Sus vidas han proclamado la Palabra del Señor ... Las nuevas de su fe en Dios han salido. No es necesario que digamos nada más, ustedes son el mensaje.

1 Tesalonicenses 1:8 (PAR)

—◆—

Hablamos la verdad ante Dios, como mensajeros de Dios.

2 Corintios 2:17 (PAR)

—◆—

[Jesús dijo:] Serán mis testigos.

Hechos 1:8 (NVI)

—◆—

Tu mensaje de vida incluye tu testimonio... la historia de cómo comenzaste una relación con Jesús.

Pero ustedes son linaje escogido, real sacerdocio, nación santa, pueblo que pertenece a Dios, para que proclamen las obras maravillosas de aquel que los llamó de las tinieblas a su luz admirable. Ustedes antes ni siquiera eran pueblo, pero ahora son pueblo de Dios; antes no habían recibido misericordia, pero ahora ya la han recibido.

1 Pedro 2:9-10 (NVI)

—◈—

Estén siempre preparados para responder a todo el que les pida razón de la esperanza que hay en ustedes. Pero háganlo con gentileza y respeto.

1 Pedro 3:15-16 (PAR)

—◈—

Tu mensaje de vida incluye tus lecciones de vida... las lecciones más importantes que Dios te ha enseñado.

Enséñame, Señor, a seguir tus decretos, y los cumpliré hasta el fin.
Salmo 119:33 (PAR)

Desafortunadamente, nunca aprendemos lo suficiente de lo que nos pasa. De los israelitas, la Biblia dice:

Muchas veces Dios los libró, pero ellos, empeñados en su rebeldía, se hundieron en la maldad.
Salmo 106:43 (PAR)

Para quien sabe apreciarla, una sabia reprensión vale tanto como una joya de oro muy fino.
Proverbios 25:12 (BLS)

Tu mensaje de vida incluye expresar tus pasiones divinas... las obras para las cuales Dios te ha moldeado y que más te importan. Como has crecido cerca de él, él mismo te dará pasión por lo que quiere profundamente, de manera que puedas ser su portavoz en el mundo.

El corazón del hombre determina su hablar.
Mateo 12:34 (BAD)

Mi celo por Dios y su obra arden dentro mí.
Salmo 69:9 (BAD)

Tu mensaje quema mi corazón y mis huesos, no puedo quedarme en silencio.
Jeremías 20:9 (PAR)

Está bien mostrar interés, con tal de que ese interés sea bien intencionado y constante.
Gálatas 4:18 (NVI)

Tu mensaje de vida incluye las buenas nuevas... lo que significa que cuando confiamos en la gracia de Dios para salvarnos por medio de lo que Jesús hizo, nuestros pecados son perdonados; tenemos un propósito para vivir y nos es prometido un hogar futuro en el cielo.

Las buenas noticias nos dicen que Dios nos acepta por la fe y sólo por la fe.
Romanos 1:17 (PAR)

—∞—

Esto es, que en Cristo, Dios estaba reconciliando al mundo consigo mismo, no tomándole en cuenta sus pecados y encargándonos a nosotros el mensaje de la reconciliación.
2 Corintios 5:19 (BAD)

—∞—

El amor de Cristo nos obliga, porque estamos convencidos de que uno murió por todos.
2 Corintios 5:14 (NVI)

—∞—

Si temes compartir las buenas nuevas con las personas cercanas a ti, pídele a Dios que llene tu corazón con su amor por ellos.

En el amor no hay temor, sino que el amor perfecto echa fuera el temor.

1 Juan 4:18 (NVI)

～

No es que el Señor se tarde en cumplir su promesa, como algunos suponen, sino que tiene paciencia con ustedes, pues no quiere que nadie muera, sino que todos se vuelvan a Dios.

2 Pedro 3:9 (DHH)

～

Compórtense sabiamente con los que no creen en Cristo, aprovechando al máximo cada momento oportuno.

Colosenses 4:5 (BAD)

～

¿Estará alguien en el cielo gracias a ti? Imagínate qué gozo tendrás al saludar en el cielo a alguien a quien ayudaste a llegar ahí.

REFLEXIONES

_____

_____

_____

_____

_____

_____

_____

_____

_____

_____

_____

_____

_____

_____

_____

_____

_____

_____

_____

Conviértete en un cristiano de clase mundial

———— ✎ ————

[Jesús] les dijo: «Vayan por todo el mundo y
anuncien las buenas nuevas a toda criatura».
Marcos 16:15 (NVI)

———

Envíanos al mundo con las nuevas de tu poder
salvador y tu plan eterno para la humanidad.
Salmos 67:2 (PAR)

———

Dios te invita a participar en la causa más grande, más extensa, más diversa y más importante en la historia: su reino. Nada importa más. Así que, ¿cómo puedes pensar como un cristiano de clase mundial?

1. *Deja de pensar en ti mismo y piensa en otros.*

No sean niños en su modo de pensar. Sean ... adultos en su modo de pensar.
1 Corintios 14:20 (PAR)

⚬

Cada uno debe velar no sólo por sus propios intereses sino también por los intereses de los demás.
Filipenses 2:4 (NVI)

⚬

Dios nos ha dado su Espíritu. Por eso es que no pensamos de la misma manera que las personas de este mundo piensan.
1 Corintios 2:12 (PAR)

⚬

Procuro agradar a todos en todo. No busco mis propios intereses sino los de los demás, para que sean salvos.
1 Corintios 10:33 (PAR)

⚬

2. Cambia de perspectiva local a global. Él siempre se ha preocupado por el mundo entero.

Porque de tal manera amó Dios al mundo, que ha dado a su Hijo unigénito, para que todo aquel que en él cree, no se pierda, mas tenga vida eterna.
Juan 3:16 (RVR60)

⚬

De un solo hombre hizo todas las naciones para que habitaran toda la tierra; y determinó los periodos de su historia y las fronteras de sus territorios. Esto lo hizo Dios para que todos lo busquen y, aunque sea a tientas, lo encuentren. En verdad, él no está lejos de ninguno de nosotros.
Hechos 17:26-27 (NVI)

⚬

Este evangelio está dando fruto y creciendo en todo el mundo, como también ha sucedido entre ustedes.
Colosenses 1:6 (BAD)

⚬

Serán mis testigos tanto en Jerusalén como en toda Judea y Samaria, y hasta los confines de la tierra.
Hechos 1:8 (NVI)

⚬

En el cielo una enorme multitud de «toda raza, tribu, nación y lengua», se reunirá un día delante de Jesucristo para adorarlo (Apocalipsis 7:9, PAR).

La oración es la herramienta más importante para tu misión en el mundo. ¿Por qué deberías orar?

Ora por oportunidades para testificar.

Intercedan por nosotros a fin de que Dios nos abra las puertas para proclamar la palabra, el misterio de Cristo por el cual estoy preso.
Colosenses 4:3 (NVI)

Pídeme, y como herencia te entregaré las naciones; ¡tuyos serán los confines de la tierra!
Salmo 2:8 (NVI)

Ora por valor para hablar.

Oren también por mí para que, cuando hable, Dios me dé las palabras para dar a conocer con valor el misterio del evangelio, por el cual soy embajador en cadenas. Oren para que lo proclame valerosamente, como debo hacerlo.
Efesios 6:19-20 (NVI)

Ora por aquellos que creerán.

[Jesús oró:] No ruego sólo por éstos. Ruego también por los que han de creer en mí por el mensaje de ellos, para que todos sean uno. Padre, así como tú estás en mí y yo en ti, permite que ellos también estén en nosotros, para que el mundo crea que tú me has enviado.
Juan 17:20-21 (NVI)

Ora por la rápida difusión del mensaje.

Oren por nosotros para que el mensaje del Señor se difunda rápidamente y se le reciba con honor, tal como sucedió entre ustedes.

2 Tesalonicenses 3:1 (NVI)

Ora por más trabajadores.

La cosecha es abundante, pero son pocos los obreros —les dijo a sus discípulos—.
Pídanle, por tanto, al Señor de la cosecha que envíe obreros a su campo.

Mateo 9:37-38 (NVI)

Las oraciones te brindan compañerismo con otros alrededor del mundo. También debes orar por los misioneros y cada uno de los que participan en la cosecha global.

Ustedes nos ayudan cuando oran por nosotros.

2 Corintios 1:11 (PAR)

---

3. Fórjate una perspectiva eterna.

Así que no nos fijamos en lo visible sino en lo invisible, ya que lo que se ve es pasajero, mientras que lo que no se ve es eterno.

2 Corintios 4:18 (NVI)

—◆—

Cualquiera que se deja distraer del plan que tengo para él no es apto para el reino de Dios.

Lucas 9:62 (BAD)

—◆—

[Pablo advirtió a] los que disfrutan de las cosas de este mundo, [que vivieran en él] como si no disfrutaran de ellas; porque este mundo, en su forma actual, está por desaparecer.

1 Corintios 7:31 (NVI)

—◆—

Por eso, nosotros, teniendo a nuestro alrededor tantas personas que han demostrado su fe, dejemos a un lado todo lo que nos estorba y el pecado que nos enreda, y corramos con fortaleza la carrera que tenemos por delante.

Hebreos 12:1 (DHH)

—◆—

Por eso les digo que se valgan de las riquezas mundanas para ganar amigos, a fin de que cuando éstas se acaben haya quienes los reciban a ustedes en las viviendas eternas.

Lucas 16:9 (NVI)

—◆—

Mándales que hagan el bien, que sean ricos en buenas obras, y generosos, dispuestos a compartir lo que tienen. De este modo atesorarán para sí un seguro caudal para el futuro y obtendrán la vida verdadera.

1 Timoteo 6:18-19 (NVI)

---

4. Deja las excusas y piensa en formas creativas para cumplir tu comisión.

Cuando Jeremías alegó que era demasiado joven para ser profeta el Señor respondió:

No digas: «Soy muy joven», porque vas a ir adondequiera que yo te envíe, y vas a decir todo lo que yo te ordene. No le temas a nadie que yo estoy contigo para librarte.

Jeremías 1:7-8 (NVI)

El que quiera salvar su vida, la perderá; pero el que pierda su vida por mi causa y por el evangelio, la salvará.

Marcos 8:35 (NVI)

REFLEXIONES

Equilibra tu vida

—— ✍ ——

Vive con el debido sentido de responsabilidad, no como los que no conocen el significado de la vida; sino como los que lo conocen.

Efesios 5:15 (PAR)

—✦—

No dejen que los errores de personas malvadas les guíen por caminos equivocados y les hagan perder el equilibrio.

2 Pedro 3:17 (PAR)

—✦—

Benditos sean los equilibrados, ya que superarán a todos. Tu vida es un pentatlón de cinco propósitos, y debes mantenerlos en balance.

Ellos se resumen en dos versos:

El Gran Mandamiento

—Ama al Señor tu Dios con todo tu corazón, con toda tu alma y con toda tu mente —le respondió Jesús—. Éste es el primero y el más importante de los mandamientos. El segundo se parece a éste: Ama a tu prójimo como a ti mismo.

Mateo 22:37-39 (NVI)

La Gran Comisión

Jesús se acercó entonces a ellos y les dijo: —Se me ha dado toda autoridad en el cielo y en la tierra. Por tanto, vayan y hagan discípulos de todas las naciones, bautizándolos en el nombre del Padre y del Hijo y del Espíritu Santo, enseñándoles a obedecer todo lo que les he mandado a ustedes. Y les aseguro que estaré con ustedes siempre, hasta el fin del mundo.

Mateo 28:18-20 (NVI)

Estas dos declaraciones abarcan los cinco propósitos de Dios para tu vida:

1. «Ama a Dios con todo tu corazón»: fuiste planeado para agradar a Dios; así que tu propósito es amar a Dios por medio de la *adoración*.

⚬

2. «Ama a tu prójimo como a ti mismo»: fuiste formado para servir; así que tu propósito es mostrarles amor a los otros por medio de tu *ministerio*.

⚬

3. «Ve y haz discípulos»: fuiste hecho para una misión; así que tu propósito es compartir el mensaje de Dios por medio del *evangelismo*.

⚬

4. «Bautizándolos en …»: fuiste hecho para la familia de Dios; así que tu propósito es identificarte con tu iglesia por medio de la *comunión*.

⚬

5. «Enseñándolos a hacer todas las cosas …»: fuiste creado para llegar a ser como Cristo; así que tu propósito es crecer en madurez por medio del *discipulado*.

⚬

Mantener estos cincos propósitos en equilibrio no es fácil. Pero tú puedes mantener tu vida balanceada si desarrollas estos hábitos:

1. *Habla de esto con tu compañero espiritual o grupo pequeño.*

El hierro se afila con el hierro, y el hombre en el trato con el hombre.
Proverbios 27:17 (PAR)

—◆—

Anímense y fortalézcanse unos a otros.
1 Tesalonicenses 5:11 (PAR)

—◆—

Practica lo que has aprendido.
Filipenses 4:9 (PAR)

—◆—

2. *Evalúa tu vida espiritual con regularidad.*

Hagamos un examen de conciencia y volvamos al camino del Señor.

Lamentaciones 3:40 (NVI)

—◆—

Cada cual examine su propia conducta; y si tiene algo de qué presumir, que no se compare con nadie.

Gálatas 6:4 (NVI)

—◆—

Examínense para ver si están en la fe; pruébense a sí mismos. Si fallan el examen, hagan algo al respecto.

2 Corintios 13:5 (PAR)

—◆—

Reflexionemos seriamente en nuestra conducta, y volvamos nuevamente al Señor.

Lamentaciones 3:40 (DHH)

—◆—

Haz que tu entusiasmo del comienzo sea igualado con una acción de tu parte ¡ahora!

2 Corintios 8:11 (PAR)

—◆—

3. Escribe tus progresos en un diario.

Por eso es necesario que prestemos más atención a lo que hemos oído, no sea que perdamos el rumbo.

Hebreos 2:1 (PAR)

Por mandato del Señor, Moisés anotaba cada uno de los lugares de donde partían y adonde llegaban.

Números 33:2 (NVI)

Moisés anotó los puntos de partida según sus jornadas, por el mandamiento del SEÑOR.

Números 33:2 (LBLA)

Que se escriba esto para las generaciones futuras, y que el pueblo que será creado alabe al Señor.

Salmo 102:18 (PAR)

---

4. Enseña a otros.

Quien bendice a otros es bendecido abundantemente; los que ayudan a otros son ayudados.
Proverbios 11:25 (PAR)

Yo quiero ahora que le digas esas mismas cosas a los seguidores en quienes puedes confiar para que las compartan a otros.
2 Timoteo 2:2 (PAR)

Cualquiera que sabiendo hacer lo bueno no lo hace, está pecando.
Santiago 4:17 (PAR)

Si enseñas estas cosas a otros seguidores, serás un buen siervo de Cristo Jesús.
1 Timoteo 4:6 (PAR)

La razón por la cual enseñamos lo que aprendemos es para dar gloria a Dios y contribuir al crecimiento de su reino.

[Jesús oró a su Padre:] Yo te he glorificado en esta tierra al completar el trabajo que me diste.
Juan 17:4 (NVI)

REFLEXIONES

_____

_____

_____

_____

_____

_____

_____

_____

_____

_____

_____

_____

_____

_____

_____

_____

_____

_____

Vive con propósito

Muchos son los planes en el corazón del hombre, pero son los propósitos del Señor los que prevalecen.
Proverbios 19:21 (PAR)

David, después de servir a su propia generación conforme al propósito de Dios, murió.
Hechos 13:36 (NVI)

Vivir con propósito es la única manera de vivir realmente. Todo lo demás es solo existir. Desafortunadamente, es fácil distraernos u olvidarnos de lo que es importante. Para prevenir esto, debes desarrollar una declaración de propósito para tu vida y revisarla regularmente.

¿Entienden esto [las cosas que les había enseñado]? Dichosos serán si lo ponen en práctica.
Juan 13:17 (NVI)

—◆—

¿Qué es una declaración de propósito?

1. Es una declaración que resume los propósitos de Dios para tu vida.

Sus planes perduran para siempre; sus propósitos durarán eternamente.
Salmo 33:11 (PAR)

—◆—

Nuestro propósito es agradar a Dios, no a las personas.
1 Tesalonicenses 2:4 (BAD)

—◆—

2. Es una declaración que indica la dirección de tu vida

Endereza las sendas por donde andas; allana todos tus caminos.
Proverbios 4:26 (PAR)

~•~

La meta del prudente es la sabiduría; el necio divaga contemplando vanos horizontes.
Proverbios 17:24 (PAR)

~•~

3. Es una declaración que define lo que es el éxito para ti.

Yo quiero que entiendas lo que realmente es importante.
Filipenses 1:10 (BAD)

---

4. Es una declaración que clarifica tus papeles.

Tendrás papeles distintos en diferentes etapas de tu vida, pero tus propósitos nunca cambiarán.

5. Es una declaración que expresa tu forma.

Esta refleja la manera única en que Dios te hizo para tu servicio.

Aquí están las cinco preguntas que debes considerar cuando prepares la declaración de propósito para tu vida.

1. Adoración: ¿Cuál será el centro de mi vida?

[El rey Asa le dijo al pueblo de Judá que] centraran sus vidas en Dios.

2 Crónicas 14:4 (PAR)

—◆—

[Pido] que por fe Cristo habite en sus corazones.

Efesios 3:17 (NVI)

—◆—

Y la paz de Dios, que sobrepasa todo entendimiento, cuidará sus corazones y sus pensamientos en Cristo Jesús.

Filipenses 4:7 (PAR)

—◆—

2. Discipulado: ¿Cuál será el carácter de mi vida?

Esfuércense por añadir a su fe, virtud; a su virtud, entendimiento; al entendimiento, dominio propio; al dominio propio, constancia; a la constancia, devoción a Dios; a la devoción a Dios, afecto fraternal; y al afecto fraternal, amor.

2 Pedro 1:5 (PAR)

—⁂—

Mantente enfocado en tu carácter y enseñanza. No te distraigas. Sigue perseverando.

1 Timoteo 4:16 (PAR)

—⁂—

3. Ministerio: ¿Cuál será la contribución de mi vida?

Esta ayuda, que es un servicio sagrado, no sólo suple las necesidades de los santos, sino que también redunda en abundantes acciones de gracias a Dios.

2 Corintios 9:12 (NVI)

[Jesús dijo:] Los comisioné para que vayan y den fruto, un fruto que perdure.

Juan 15:16 (PAR)

---

4. Misión: ¿Cuál será la comunicación de mi vida?

Yo y mi casa serviremos al Señor.
Josué 24:15 (NVI)

❧

Asegúrate de vivir de una manera que traiga honor a las buenas nuevas de Cristo.
Filipenses 1:27 (PAR)

❧

5. Comunión: ¿Cuál será la comunidad de mi vida?

Cristo amó a la iglesia y dio su vida por ella.
Efesios 5:25 (PAR)

Cuanto más madures más amarás al cuerpo de Cristo y querrás sacrificarte por él, así como lo hizo Jesús.

Además de escribir en detalle la declaración de propósito de tu vida, también es útil una declaración breve o lema que resuma los cinco propósitos de tu vida de manera que los puedas *memorizar* y para que te *inspiren*.

Será bueno mantener estas cosas en tu mente para que puedas repetirlas.
Proverbios 22:18 (PAR)

Dios quiere usarte. ¿Servirás al propósito de Dios en esta generación?

Nos limitaremos al campo que Dios nos ha asignado según su medida.
2 Corintios 10:13 (NVI)

David, después de servir a su propia generación conforme al propósito de Dios, murió.
Hechos 13:36 (NVI)

El Señor recorre con su mirada toda la tierra, y está listo para ayudar a quienes le son fieles.
2 Crónicas 16:9 (BAD)

Yo corro hacia la meta con un propósito en cada paso.
1 Corintios 9:26 (BAD)

Así como a Ester; Dios te creó «para un momento como éste» (Ester 4:14, NVI).

Cuando te parezca difícil cumplir tus propósitos, no te desanimes. Recuerda tu recompensa, que perdurará por siempre.

Los sufrimientos ligeros y efímeros que ahora padecemos producen una gloria eterna que vale muchísimo más que todo sufrimiento.
2 Corintios 4:17 (NVI)

Imagínate como será cuando estemos todos de pie frente al trono de Dios, presentando nuestras vidas en profunda gratitud y adoración a Cristo. Juntos diremos:

¡Digno, oh Señor! ¡Sí, nuestro Dios! ¡Toma la gloria, el honor, el poder! ¡Tú creaste todo; todo fue creado porque así lo quisiste!
Apocalipsis 4:11 (PAR)

REFLEXIONES

_____

_____

_____

_____

_____

_____

_____

_____

_____

_____

_____

_____

_____

_____

_____

_____

¿Por qué usé varias versiones de la Biblia?

Intencionalmente he usado varias traducciones de la Biblia por dos razones importantes: Primero, no importa cuán maravillosa sea una traducción, siempre tiene limitaciones. La Biblia fue escrita originalmente con 11,280 palabras hebreas, arameas y griegas, pero la típica traducción en inglés usa 6,000 vocablos. Obviamente los tintes y matices de las palabras se pueden perder, de modo que siempre es saludable comparar varias traducciones.

Segundo, y más importante, está el hecho de que a menudo perdemos el impacto completo de versículos bíblicos familiares, no a causa de una pobre traducción, ¡sino simplemente porque se han hecho muy familiares! Así que deliberadamente usé paráfrasis para ayudar a ver la verdad de Dios en maneras nuevas y frescas.

Fuentes

BAD   Biblia al Día, Sociedad Bíblica Internacional.

LBLA   Biblia de las Américas, Fundación Lockman.

DHH   Dios Habla Hoy, Sociedades Bíblicas Unidas.

NVI   Nueva Versión Internacional, Sociedad Bíblica Internacional.

RVR60   Reina Valera 1960, Sociedades Bíblicas Unidas.

BLS   Biblia en Lenguaje Sencillo, Sociedades Bíblicas Unidas.

PAR   Paráfrasis de diferentes versiones bíblicas.

Nos agradaría recibir noticias suyas.

Por favor, envíe sus comentarios sobre este libro

a la dirección que aparece a continuación.

Muchas gracias

ZONDERVAN

Editorial Vida
7500 NW 25 Street Suite # 239
Miami, Fl. 33122

Vidapub.sales@zondervan.com
http://www.editorialvida.com